TEXTES LITTERAIRES

Collection dirigée par Keith Cameron

CVII

LES MARGUERITES

LES

MARGVERITES

POEME HEROIQVE

DEDIE

A Mad^{le} M^{te} F.

A BORDEAUX ;

Par JACQVES MONGIRON MILLANGES

Imprimeur ordinaire du Roy.

M. DC. LXXVI

Frontispice

JEAN BENECH DE CANTENAC

LES MARGUERITES

Edition critique

par

Robert Aulotte

UNIVERSITY
of
EXETER
PRESS

REMERCIEMENTS

Je tiens à remercier Madame Hélène de Bellaigue, conservateur à la Bibliothèque de Bordeaux, grâce à qui j'ai pu avoir la commode photocopie du texte; Madame Renate Köhler de l'Herzog August Bibliothek de Wolfenbüttel, Mesdames et Messieurs les conservateurs de la Bibliothèque de l'Arsenal, à Paris.

Ma gratitude va aussi à Monsieur Pierre Coudroy de Lille, à mes collègues Madame Anne-Marie Clin, Monsieur Guy Turbet-Delof et Mademoiselle Santucci, qui a eu l'amabilité dévouée de relire mon manuscrit.

Ce livre n'aurait pu paraître sans l'agrément du professeur Keith Cameron. Je lui suis très reconnaissant d'avoir accueilli mes modestes *Marguerites* dans sa riche collection des Textes Littéraires.

First published in 1999 by
University of Exeter Press
Reed Hall
Streatham Drive
Exeter EX4 4QR
UK

British Library Cataloguing in
Publication Data
A catalogue record for this book is available
from the British Library

ISSN 0309-6998
ISBN 0 85989 642 0

Typeset by Julie Crocker
Printed in the UK
by Short Run Press Ltd, Exeter

Aux miens, d'hier et d'aujourd'hui,
à ceux que j'aime.

INTRODUCTION

Une acquisition récente (1988) a permis à la Bibliothèque Municipale de Bordeaux de conserver actuellement, sous la cote [Br 22307], un élégant exemplaire, fort rare et vraisemblablement unique, d'un ouvrage considéré longtemps comme introuvable: *Les Marguerites, Poème héroïque* publié à Bordeaux, chez Jacques Mongiron-Millanges[1], en 1676. L'épître de dédicace, adressée à Mad. Mte., F.[2], est signée D.C. initiales discrètes derrière lesquelles les bibliographes s'accordent, après les incertitudes de Frédéric Lachèvre[3], à reconnaître le poète bordelais Jean Benech de Cantenac, assez peu étudié jusqu'à ces vingt dernières années, mais fort estimé, en son temps, dans sa région. Comme son contemporain et autre poète bordelais, le Président de Métivier (1630?-1697) dont les vers ne sont pas sans rappeler ceux de Benserade et de Voiture.

I. L'auteur

Sur Jean Benech de Cantenac, né à Bordeaux vers 1630 et mort dans la même ville, le 30 août 1714, les solides travaux de Madame Anne-Marie Clin, auxquels nous sommes fort redevable ici, apportent un éclairage des plus utiles[4].

Jean Benech est né dans une famille de fortes convictions protestantes. Ses grands-parents habitaient Négrepelisse, ville des environs de Montauban et, avec Montauban, l'une des places les plus importantes des Réformés, dans le Languedoc, avant que Louis XIII la prenne et la brûle en 1622. C'est alors, sans doute, ou peu après, que les Benech vinrent

---

1 Jacques Mongiron-Millanges (1649-1692) était le neveu de Simon Millanges, l'éditeur des deux premiers livres des *Essais* (1583) de Montaigne. Voir Desgraves (Louis): "L'imprimeur bordelais Montgiron-Millanges (1649-1692)", *Bulletin philologique et historique*, 1957, pp. 22-74.

2 Monsieur Pierre Coudroy de Lille a bien voulu nous indiquer que, selon lui, ces initiales désignent Marguerite de Ferron née, en 1655, de Jacques de Ferron, seigneur de Betaille (Artigues, 33) et d'Olive de Briet, qui apparaît sous un anagramme (Bérite) dans une autre œuvre de Cantenac, *Le Mercure dolant*. Marguerite de Ferron était, aussi, poétesse.

3 Le grand érudit dix-septiémiste avait eu les *Marguerites* dans sa bibliothèque. Le volume, décrit en 1918 dans le catalogue des livres du collectionneur bordelais Meauldre de la Pouyade, passa dans la vente des livres de F. Lachèvre, à l'Hôtel des ventes de Versailles, en 1957. La notice qui lui est consacrée dans le catalogue de cette vente (p. 40, n° 296) signale qu'il s'agit d'un "ouvrage inconnu des bibliographes, que l'on suppose être de Cantenac".

4 Voir notamment sa thèse de doctorat de 3e cycle: *Jean Benech de Cantenac:* Le *Mercure dolant*, Bordeaux, 1678 (Presses Universitaires de Bordeaux, 1984).

s'installer à Bordeaux. Hélie, le futur père du poète, y épouse, en 1627, une coreligionnaire Suzanne Batailley qui appartient à la haute société des négociants de Bordeaux. De cette union naquirent huit enfants, cinq filles (Marie, Anne, Madeleine, Sibille et Suzanne) et trois garçons (Hélie, Jean, David). La famille Benech vit dans une fort honorable aisance. Hélie Benech père est marchand. Il obtient, en février 1627, ses lettres de provision pour l'office de conseiller du roi et de contrôleur général triennal du domaine de Guyenne, puis, le 22 juin 1641, ses lettres de bourgeoisie. A sa mort, en janvier 1652, son fils aîné, premier enfant de la famille, hérite de la charge paternelle de conseiller du roi et contrôleur général. Ce n'est cependant pas lui, mais Jean, qui fera suivre son patronyme du titre de Sieur de Cantenac, petite paroisse du Médoc au vignoble estimé, dont, grâce à la dot de Suzanne Batailley, les Benech avaient été, entre 1640 et 1641, les seigneurs pour une seule partie, l'autre moitié appartenant à la baronnie d'Issan. Sur les premières décennies de la vie de Cantenac nos connaissances restent encore très imparfaites. Seul de sa famille, qui ne se convertit que contrainte au catholicisme, Jean abjure de bonne heure et de son plein gré. Quand? Difficile de le dire avec précision, car les actes d'abjuration n'ont pas été conservés. En 1656, il est "capitaine", mais sa carrière nous échappe presque complètement. Peut-être servit-il dans le corps de cavalerie d'Henri-Charles II de La Trémoille, prince de Tarente (1620-1672), qui dirigea la cavalerie de son beau-père, le prince de Hesse, au service des Etats de Hollande, de 1648 à 1665. Une note, dans la marge de deux sizains signés Cantenac, lui donne effectivement le titre "d'escuyer" du Prince de Tarente. Du prince, Cantenac a pu partager la vie aventureuse, les nombreux et fatigants voyages qu'il évoque dans un *Portrait*[5], où il se présente lui-même: très petit, avec une grosse tête abondamment pourvue de cheveux châtains bouclés; des yeux bruns dans un visage plat et ovale; un caractère impatient, ambitieux; poétiquement peu inspiré par les femmes.

Cantenac nous apparaît, alors, comme un homme "qui aime les armes", un militaire, mais aussi un mondain, bien introduit dans la petite cour de Mademoiselle de Montpensier, au point de suivre lui-même la mode — qu'elle avait lancée — de ces portraits écrits, qui seront bientôt réunis dans une *Galerie de Portraits* (1659).

En 1660, changement. Cantenac quitte l'Ordre de la Merci où il a été, pour peu de temps, novice. Sans pour autant être prêtre lui-même, il loge dans la maison des prêtres du diocèse. C'est l'époque marquée, semble-t-il, par le goût des plaisirs, où il écrit, sous le cryptogramme D.C. ses

5 *Poésies nouvelles*, p. 235.

Poésies Nouvelles et autres œuvres galantes qui seront publiées en 1562, à Paris, ville où il a séjourné. Dans ces *Poésies nouvelles*, il insère la licencieuse *Occasion perdue*, parue sous l'anonymat en 1658 et prêtée, par la suite et par erreur, à Pierre Corneille.

Anne-Marie Clin nous apprend qu'en cette période Cantenac parachève sa formation universitaire et cléricale, qu'il couronne par les titres de licencié en droit civil et canon et de docteur en théologie. Il est, d'autre part, comme l'a montré Guy Turbet-Delof[6], lié avec le grand mystique bordelais Jean-Joseph Surin s.j. (1600-1665), qu'il a dû connaître à la cour (plutôt libertine alors) du prince de Conti, deux fois gouverneur de Guyenne. De la famille des Conti, il sera l'un des pensionnés jusqu'à la fin de sa vie. Mais plus que le mysticisme d'un Surin, c'est surtout le désir

> "d'avoir mieux de quoi vivre avec plus de loisir"

qui, comme il l'avoue lui-même dans ses *Satyres*[7], attire à nouveau Cantenac vers l'état ecclésiastique. Ayant reçu la tonsure à laquelle il avait renoncé en 1660, il devient prieur du petit couvent bénédictin de Saint-Laurent du Theil (diocèse de Limoges). Profitable bénéfice, sans obligation de résidence, qu'il permute en 1691, avec celui de Claude Caron, chanoine de la cathédrale Saint-André de Bordeaux, où il sera, lui-même, enterré.

C'est avec ce titre de "chanoine de la cathédrale Métropolitaine et Primatiale de Bordeaux" et, pour la première fois sous son nom explicitement indiqué, que, profitant des loisirs que lui laissent, sous l'aumusse, les obligations du canonicat et, au dehors, les soins à donner à ses vignes de Preignac en Sauternais, il fait publier, vers 1705, des *Satyres*, plus compatibles avec son état d'homme d'Eglise que les ludiques *Marguerites* de 1676 et que le roman-poème du *Mercure dolant* de 1678. Suivra un *Recueil de quelques pieces nouvelles de prose et de poésie*, publié à Cologne en 1710, sous les initiales B^{xx} C^{xx}. Ce *Recueil* est attribué, sans preuves véritablement décisives, à Benech de Cantenac. Il était jusqu'à présent tenu pour introuvable. Nous avons eu l'heureuse fortune de le localiser, il y a peu, à l'Herzog August Bibliothek de Wolfenbüttel et à la Bibliothèque de l'Arsenal, à Paris. Si, après un examen approfondi de critique interne, l'attribution à Cantenac de ce *Recueil* latino-français, d'esprit satirique, nous paraissait assurée, nous nous proposerions de faire connaître ce livre curieux, qui serait, alors, la

6 *R.H.L.F.*, mars-avril 1991, pp. 228-229.

7 Pp. 72-74: "Reflexions d'un vieux ecclesiastique, sur sa vie passée".

dernière partie de l'œuvre d'un écrivain fort estimable, à la fois poète, romancier, épistolier et journaliste.

II. Le temps des *Marguerites*

Les *Marguerites* sortent en 1676, presque au milieu de ce temps "d'efflorescence classique" qui, allant du début du règne autoritairement personnel de Louis XIV à la révocation de l'Edit de Nantes, englobe les années 1660-1685. Comme le tournesol, elles dressent leur tête vers le Roi-Soleil, alors que s'achève une période de cinq années, riche en événements historiques qui trouvent, à l'occasion, leur écho dans le poème: ainsi, aux vers 848 et suivants, le fameux passage du Rhin au gué de Tolhuis, le 12 juin 1672. De 1672 à 1676, se placent et se passent la prise de Maestricht (1673), la conquête de la Franche-Comté (1674) la victoire de Turenne à Turckeim (1675) et sa mort, que Fléchier fera revivre dans une oraison funèbre, en 1676, l'année même où le procès de la marquise de Brinvilliers donne un immense retentissement à la scandaleuse "Affaire des Poisons".

Au plan de la création littéraire, cette période qui commence avec la fondation du *Mercure galant* par Donneau de Visé (1672) connaît les représentations de la mélancolique *Pulchérie* (1672) "comédie héroïque", et de l'harmonieux *Suréna* (1674) d'un Pierre Corneille vieillissant et désormais désenchanté; celles des *Femmes Savantes* (1672), du *Malade imaginaire* (1673) de Molière, qui meurt la même année; celles, encore, du sanglant *Bajazet* (1672), du complexe *Mithridate* (1673), de l'émouvante *Iphigénie,* que Racine fait jouer à l'Orangerie de Versailles, le 18 août 1674, l'année où paraissent l'*Art Poétique* de Boileau, les *Nouveaux Contes* (interdits à la vente) de La Fontaine et le *Grand Dictionnaire historique* de Moreri. Viendra, en 1676, le *Discours des agrémens du chevalier de Méré.*

Un certain nombre d'œuvres remarquables donc, surtout si l'on songe à celles de nos grands dramaturges et à ces *Contes* par lesquels La Fontaine se fait d'abord connaître. Mais à côté de ces écrits admirables, la production poétique des années 70 (et, d'une manière plus globale, celle de la double décennie 1660-1680) se caractérise par une morne abondance de vers où la poésie n'est plus, pour reprendre une expression de la *Clymène* de La Fontaine, qu'une "princesse morte".

Se multiplient alors des poèmes panégyriques, où des rimeurs stipendiés s'exténuent à célébrer frivolement l'infinie gloire de leur Roi, tandis que d'autres, tel René Le Pays, en 1664, ne se lassent pas de chanter des *Amitiés, Amours et Amourettes*, que Boileau (*Epître* IX, 63) qualifiera de "vains amas de frivoles sornettes", sans pour autant arrêter le succès de ce "bouffon plaisant" (*Satire* III, 180).

L'année précédente avait paru, à Paris, le *Recueil des Poésies galantes en prose et en vers* de Madame la Comtesse de La Suze et de M. Pellisson. La sensible Henriette de Coligny et "l'Apollon des samedis" y étaient, en fait, accompagnés de bien d'autres: "l'illustre Sapho" elle-même, Charles Perrault, l'auteur du *Miroir d'amour*, l'académicien Segrais, le beau Benserade, le libertin Saint-Pavin, fidèles, pour quelques uns d'entre eux, de la cour de Vaux où la préciosité était en honneur; tous amateurs de madrigaux, de bouts-rimés et d'élégiaques soupirs d'amour. Frédéric Lachèvre a dénombré soixante-dix-sept recueils du même genre dans les quarante dernières années du siècle où, galanteries imitées de Voiture, paraissent des *Délices de la poésie galante, des Sentiments d'amour, des Almanachs d'Amour*. Parallèlement, la pastorale triomphe: il s'en joue plus entre 1660-1670 (année où la décrue va s'amorcer) qu'au cours des vingt années précédentes. Et, toujours entre 1660 et 1670 une quinzaine de tragi-comédies dont l'*Antiochus* de Thomas Corneille. Production, qui peut surprendre, puisque le genre est en déclin depuis 1660 et que la préférence du public va désormais aux "comédies héroïques". Tel est, brossé à gros traits, le panorama de la production littéraire en pays de Cour, lorsque vont paraître, à Bordeaux, les *Marguerites* de Cantenac.

III. Les "*Marguerites*" de Cantenac

a) Une salutaire méditation sur les dures Destinées des Marguerites

Dans *Les Marguerites*, le poète s'adresse à une Iris, celle-là même, probablement, dont *Le Mercure dolant* racontera la maladie et la mort, de phtisie pulmonaire, le 26 janvier 1678. L'Iris des *Marguerites*, dont Cantenac se dit le "serviteur", sans se déclarer son soupirant, semble être une jeune fille de la riche bourgeoisie bordelaise. Elle trouve apparemment de l'agrément aux "rêveries", aux "mensonges" du poète, mais celui-ci ne se sent pas, dit-il, encore "assez fort" pour lui "ecrire ses veritez". Il va, cependant, lui en faire entendre une, poétiquement: en l'éclairant sur la véritable nature des marguerites, ces fleurettes dont tout le monde parle, sans trop savoir ce qu'elles sont ni d'où elles viennent. Les uns tiennent ces astéroïdées pour "des Heroïnes des premiers temps", à qui Jupiter a donné rang parmi les astres pour les récompenser des belles actions accomplies pendant leur illustre vie: d'où viendraient les constellations "du Chariot, de la Chevelure de Bérénice, du Chien d'Erigonne". D'autres, "se fondant sur la façon de parler des Grecqs et des Latins", soutiennent que "les Marguerites estoient ces mémes Heroïnes sous la nature des Perles, que le Ciel et la Rosée font naître dans les Nacres" et qu'il faut "arracher du sein de Neptune". "Songes et pures illusions", affirme Cantenac, pour qui il n'est point nécessaire de chercher les marguerites dans la "Region du feu" ni "au fond des Abîmes". C'est parmi nous qu'elles "naissent, habitent et conversent". Selon quelles Destinées? Iris l'apprendra en vérité, si elle se donne la peine de lire le poème en cinq chants et en alexandrins que Cantenac lui "consacre comme à la Marguerite des Reines ou à la Reine des Marguerites".

Le chant premier révèle, d'entrée de jeu, à Iris que les marguerites qui "couvrent nos Preries" furent, autrefois

> "dans leur premier destin les Nymphes de *ses* bois",

transformées en fleurs par de "Celestes decrets". Pour quels "motifs"? C'est ce que le poète demande aux Muses de lui inspirer "l'Esprit de faire dire"

> "Aux Concers de *sa* voix avec ceux de *sa* lyre",

mais, auparavant, s'impose une évocation des lieux remplis de charmes, où Iris aime se promener:

> "Entre deux grans Canaux tout le long d'une Plaine".

De là, elle s'avance dans d'épaisses forêts, pour y découvrir une cascade bruyamment bouillonnnante, dont une "véne" isolée "va former une Conque entre deux côteaux verts", un antre ou plutôt une "Alcove des champs" emprisonnant "un grand Bassin gravé", où s'entend une ensorcelante musique, et aussi, un étang peuplé d'oiseaux et des halliers d'où sortent, inoffensifs et sans crainte:

> "Les Chevreux et les Dains, les Serfs et les Sangliers".

Enfin, au détour d'une vaste allée, s'ouvre un *amoenus locus* pastoral, où s'ébattent

> "La folette Bergere et les Bergers folets",

dansant les tricotets, s'escrimant de leur longue houlette, se balançant sur leurs escarpolettes. Images vivantes de tout "un Monde de beautez".

Dans ce délicieux séjour, les nymphes, nous dit le chant II, "faisoient de tout temps leur demeure". "Manoir champêtre" où, en dehors des journées qu'elles avaient

> "Aux Jeux, au Cours, au Bal, aux Cadeaux destinées",

chacune de ces "héroïnes" s'occupait à quelque "Employ libre", dont elles savaient, pour leur plaisir, faire "un Employ necessaire". Ainsi, Caliste s'adonnait "à l'Art de la Peinture", Félice "aux travaux de l'Eguille", Astrée à "l'Art du Prognostique et de l'Astrologie". De son côté, Sophonisbe

> "Se laissoit posseder à l'Art de Poëzie",

tandis que Clodomire et Doris "excelloient en sculpture", que Clitie s'intéressait à la Miniature, Filiante à la culture des fleurs. D'autres s'appliquaient à la broderie ou encore à la gravure, comme Cassandre qui

> "...burinoit sur l'Yvoire et sur l'Or
> Ainsi qu'eust fait jadis Architele ou Mentor"

Mais "ces maistresses des Arts", "ces insignes Ouvrieres", se montraient, comme le déplore le chant III, superbement rebelles aux sentiments d'amour et dédaigneuses des "conseils qu'inspire la Nature". Soucieuses

> "... de toûjours prendre et n'estre jamais prises",

elles avaient fait, des bois enchanteurs où elles vivaient "un vaste cimetiere". La mort, toutefois, n'avait pas enlevé l'amour à leurs innombrables soupirants, si cruellement immolés. Leurs tristes regrets se faisaient entendre partout et leurs plaintes, parvenues aux oreilles des Dieux, avaient touché Jupiter. Celui-ci avait donné l'ordre à Mercure d'assembler au plus tôt le divin Conclave, pour que fussent édictées de justes peines contre ces "... Nymphes des bois ou plus tôt ces Tigresses".

Le chant IV nous fait assister à ce "Celeste Conseil". La toujours jalouse Junon déplore que les Dieux eux-mêmes aient introduit entre eux de "sales amours" dont

> "Le venin s'est coulé jusque dans le bas Monde".

Elle estime donc que ces nymphes, qui ont le rare mérite de consacrer leurs jours "au Temple de l'honneur", doivent être mises "au rang des demy-Dieux" et qu'elles méritent que

> "Leurs Ames de lumiere et leurs pudiques corps"

ne passent jamais "dans l'Empire des morts".

Feignant de ne pas vouloir s'opposer à l'épouse de Jupiter, la "doucette" Vénus trouve, cependant, que ces nymphes, coupables d'avoir voulu "… reformer la Nature et ses lois", mériteraient le "feu de Phalaris", mais, optant pour un "avis plus benin" et désireuse "de sauver la fleur et punir le venin", elle demande que les cruelles soient plutôt condamnées à souffrir, à leur tour et sans fin, "les dedeins et les tourments d'amour".

Opinion identique de Mars, "de Cytherée un des meilleurs amis". Le Dieu de la guerre s'irrite contre ces nymphes qui

> "… ont tüé d'une seule Campagne
> Plus d'Hommes que n'ont fait les Trouppes d'Alemagne",

et qui, bien qu'elles fassent "les filles fortes",

> "Ne sont dans un Estat que des Passevolans".

Puante interruption, alors, de Vulcain, dont se moque le toujours plaisant Momus. Le noir et boiteux dieu des forgerons se plaint de n'avoir que "Sterop, Pyracme et Bronte", pour l'aider à approvisionner les arsenaux des Dieux. Aussi propose-t-il que ces "nymphes misanthropes", qui ont "bravé les flammes si fidèles" de tant de langoureux, soient employées, comme les Cyclopes:

> A soufler les braziers, allumer les fourneaux
> A faire résonner l'Enclume et les Marteaux".

D'autres dieux interviennent, à leur tour, et, entrant "dans le party de la metamorphoze", suggèrent de loger "ces dures beautez" dans "les corps des sapins". Quelques-uns, enfin, souhaitent de les envoyer gémir, "sous d'Eterneles chaines" ou de les condamner "tout net" à la mort.

Au chant V, se prend la décision, éclairée et qui se veut équitable, de Jupiter. "Ayant toussé trois foix", il reconnaît que ces nymphes "arrogantes"

> "Seroint dignes du feu, du fer et de la rouë",

mais il incline, lui aussi, à les faire plutôt "tomber dans le cas de la metamorphoze". Lui qui est "toujours tandre de cœur et fecond en amours", préfère, ainsi, transformer les endurcies coupables "en tandres marguerites", en fragiles fleurettes au corps disproportionné qui, sur leur faible tige, seront, pour toujours, exposées au piétinement et au broutement des troupeaux:

> "C'est ainsi qu'au Vautour l'Infortuné Ticye
> Repare incessament la pature et la vie".

D'où la mise en garde finale du poète à Iris. Qu'elle songe au triste destin de ces "nymphes fredes" qui courent jusqu'au risque de servir de plantes médicinales brûlées dans le feu des alambics ou broyées sous les coups des mortiers; au mieux, d'entrer en modeste assortiment dans des bouquets de noces de village. Sur "cet exemple affreux", qu'Iris voie "ce qu'il en coûte d'estre cruelle", qu'elle sache, dans le respect d'un "point d'honneur" qui ne soit pas, comme il arrive, "fondé sur du sable mouvant":

> "*Donnez* à la Beauté la Pitié pour escorte,
> …
> Assaizonner l'humain avecque le Severe,
> …
> se *montrer* prude [*enfin*] et non pas inhumaine".

Iris pourra ainsi, "sans se faire d'affaire", conduire, dans un juste "milieu", sa vie harmonieuse de future épouse, entourée "d'amis":

"Vous avez des Amans, vous aurez un Epoux
Mais vous avez de quoy les satisfaire à tous.
L'Amitié ne fait pas une ame criminelle
Et, pour avoir du tandre, on n'est pas Infidelle,
On sçait bien jusques où vont les droits d'un Mary
On sçait tout ce que doit pretendre un Favory".

Sinon, pèsera sur elle la menace divine d'une métamorphose en orgueilleuse roche ou en cendre poussiéreuse ou encore en bloc de marbre glacé. Métamorphose qui serait, alors, d'ordre, pour ainsi dire, cosmique. Car

"On voit plus d'une Helene et plus d'une Angelique,
L'Etoile a sa pareille, il n'en est point d'unique,
Mais il n'est q'une Iris comme il n'est q'un Soleil",

Sans le soleil d'Iris, cette "merveille" à nulle autre pareille, le Monde ne serait, en effet, plus monde et, plongé dans l'obscurité, deviendrait:

"un Cahos indigeste, un embarras confus".

Pour que soit évité pareil cataclysme universel, il suffit simplement qu'Iris suive la "sçavante Nature" qui,

"Nous donne en l'Art d'aymer une ample tablature".

Ce à quoi l'incite, à la fin du poème, l'adjuration de son "infini serviteur", qui ne désespère peut-être pas de devenir "un favory":

"Flechissez, croyez moy, sous cette Loy supreme
Et faisant, belle Iris, de l'un et l'autre extréme
Un melange discret du doux et de l'amer
Aymez quand on vous ayme et laissez vous aymer".

b) *Un poème héroïque*

Dans les années 1630-1660, l'héroïsme avait fortement marqué notre littérature. A la scène surtout, avec les pastorales dramatiques où s'épanouit un héroïsme idéalisé, et avec les tragédies, de P. Corneille, bien sûr, mais aussi de Du Ryer, de Tristan, de Rotrou... Dans le domaine romanesque, également, qu'illustrent les œuvres de Gomberville continuateur de l'*Astrée*, de Mademoiselle de Scudéry, de La Calprenède. En poésie encore, où Faret (1621) présente l'*Andromède* et l'*Arion* de son ami Saint-Amant, (le futur auteur d'un *Moyse sauvé* (1653) "idylle héroïque") comme "d'assez hardis essais, pour faire espérer à notre langue un poème héroïque. En poésie toujours, et où paraîtront, en 1648, les *Vers héroïques* de Tristan.

Après 1660 — et malgré l'échec complet de *La Pucelle,* poème héroïque de Chapelain (1656) —, la poésie épique reste le grand genre. Il y a, cependant, alors, une désaffection des valeurs héroïques, qui a son retentissement sur la littérature. La paix est revenue, au plan intérieur depuis la fin de la Fronde (1648-1659) et, au plan extérieur, avec le traité des Pyrénées qui met fin à vingt ans de guerre avec l'Espagne. Cette paix naturellement ne nourrit plus l'idéal héroïque et le désir de gloire des décennies précédentes. En conséquence, ne connaissent le succès ni les *Poèmes héroïques* de Jacques de Coras (1663-1665), ni le *Charlemagne*, poème héroïque de Louis Le Laboureur (1669), ni le *Childebrand* — critiqué par Boileau — de Carel de Sainte Garde (1666), ni l'*Esther* de Desmarets de Saint-Sorlin (1670), celui-là même qui devait publier, en 1673, un *Discours pour prouver que les sujets chrétiens* sont *les seuls propres à la poésie française*. A ce *Discours*, Boileau répondra dans le IIIe chant de son *Art poétique* (1674): le poème épique, qui représente le plus grand effort de l'esprit, ne doit pas, pour des raisons religieuses et esthétiques faire place au merveilleux chrétien. Duplique de Desmarets de Saint Sorlain, dès l'année suivante: c'est la *Défense du poème héroïque* (ou épique).

Le débat est donc des plus vifs, lorsque Cantenac publie ses *Marguerites, Poème héroïque*, en 1676, juste un an après le pédant *Traité du poème épique* du P. Le Bossu, qui allait décourager les faiseurs d'épopée, mais non pas un Cantenac soucieux de tenir compte de l'évolution des goûts, sans pour autant renier l'héroïsme.

A son poème héroïque de 1262 alexandrins, Cantenac donne les marques principales de l'épopée: division en chants, invocation aux Muses (vers 13 sqq), héroïnes, merveilleux païen (le conclave des dieux qui s'intéressent à la violation sur terre des lois de Nature et où Jupiter ordonne la punitive métamorphose), beauté ornementale de l'ouvrage, qu'égayent des "figures sans nombre".

c) *Un poème galant d'héroïsme tendre*

Un poème héroïque donc, mais sans véritable esprit épique. Un poème d'héroïsme modernisé, revenu, pour ainsi dire, des trop prestigieux mirages des épopées chevaleresques, où, autour d'un exceptionnel héros central, étaient passionnément exaltées de sublimes valeurs collectives. Un poème, où l'héroïsme épique se mue, sans apparent conflit, en galant héroïsme tendre. Le ressort des *Marguerites*, ce n'est plus la glorieuse et grande action à valeur symbolique. Ni même la libération de l'amour, chantée par certains poètes ou dramaturges des années 1650. C'est la précieuse "belle amitié", à laquelle, s'appuyant sur l'exemple menaçant de la métamorphose de ses orgueilleuses héroïnes en modestes marguerites, Cantenac invite instamment la rebelle Iris.

Pour convaincre une Iris préoccupée de garder tout son "prix", Cantenac n'hésite pas à faire l'étalage d'une vaste culture classique et moderne, bien propre à gagner l'esprit pour approcher le cœur. Que de souvenirs, que d'évocations, dans les *Marguerites*, de Callimaque ou de Catulle, d'Ovide et de ses *Métamorphoses*, de Lucain, de Virgile, de l'Arioste, du Tasse ou de Guarini, des *Amadis*, de Rabelais et de son lucianesque "Consistoire des Dieux", au prologue du *Quart Livre,* des poètes de la Pléiade, d'Honoré d'Urfé et de l'*Astrée*, des œuvres de Saint-Amant, de l'*Argénis* de John Barclay, de la *Carte du Tendre*, et de toute la production romanesque de l'époque. Et, comme le spirituel Cantenac sait que la galanterie est art de plaire par une facture ingénieusement insinuante, et aussi art de dire par un langage pur[8], soucieux de toucher avec grâce, il recourt volontiers aux expressions emphatiques, aux comparaisons qui se veulent sources d'émotion, au vocabulaire du tendre, du doux, du beau et du "je ne sçay quoy". Sans, pour autant, éviter toujours une certaine mollesse de l'expression et quelque platitude de la versification. Mais, à l'occasion, le vers retient, par son élégiaque fluidité:

> "Aymant avecq respect sans ozer dire j'ayme". (790)

Les *Marguerites* de Cantenac ne sont assurément pas une œuvre du tout premier rayon, mais, longtemps cachées à nos yeux, elles nous offrent, aujourd'hui, l'intéressant échantillon d'une ludique et morale poésie

---

8 En dehors de quelques gasconismes, signalés dans les notes.

galante, écrite dans cette époque "précieuse"[9] du troisième tiers du XVIIe siècle.

9 Cf. ce que dit Mademoiselle de Scudéry: "Il faut savoir ôter à la morale ce qu'elle a de rude et de sec et lui donner je ne sais quoi de si naturel et agréable qu'elle divertisse ceux à qui elle donne leçon". "De la manière d'inventer une fable", *Considérations sur divers sujets de morale*, 1680.

NOTE SUR L'ETABLISSEMENT DU TEXTE

Nous reproduisons ici, aussi fidèlement que possible, le seul exemplaire connu des *Marguerites* de Cantenac, que conserve la Bibliothèque Municipale de Bordeaux.

Le texte de cet exemplaire présente d'assez nombreuses incohérences dans l'orthographe et dans la ponctuation, qui ne semble pas obéir à des règles fixes et que nous n'avons pas cru devoir respecter absolument. Nous avons, donc, introduit des points, des points et virgules, des virgules là où paraissait l'exiger l'intelligence du texte.

Dans le cours du texte, nous avons signalé par des [ ] les interventions — rares au demeurant — qui semblaient s'imposer pour corriger coquilles ou fautes d'accord.

Pour la graphie nous avons conservé des formes comme *estoint* (étaient), *avoit* (avait). Nous avons procédé à la distinction d'usage entre *i* et *j,* entre *u* et *v*; à la résolution de la ligature & pour la conjonction *et*; à l'harmonisation de l'orthographe des participes passés en *é*; à l'addition ou à la suppression de signes diacritiques pour a/à; la/là, ou/où.

Les vers ont été numérotés de cinq en cinq dans la marge gauche du texte; dans la marge droite sont notées, entre crochets droits, les pages du texte de 1676.

Les éclaircissements lexicaux, nombreux dans les notes de bas de page, n'ont pas rendu nécessaire l'établissement d'un glossaire.

BIBLIOGRAPHIE DES ŒUVRES ATTRIBUEES A J. BENECH DE CANTENAC

I. *Imprimés*

—— "L'occasion perdue recouverte" dans *Le Nouveau cabinet des Muses, ou l'Eslite des plus belles poésies de ce temps*. Paris, Veuve Edme Pepingué, 1658. Dans un supplément de 50 p. que F. Lachèvre date de 1660.

[B.N.F. Rés. Ye 4499]

Pièce de vers plutôt libre et leste: l'occasion lui étant donnée de jouir des charmes de Cloris, épouse d'un "viel mari", Lisandre se trouve momentanément impuissant. Accident fâcheux, qui sera vite réparé, l'occasion étant "recouvrée" et réussie dès le lendemain. Cette pièce fut, à la suite des *Carpenteriana* (1724) abusivement attribuée à Pierre Corneille. Voir J. M. Quérard, *Supercheries littéraires*, I, p. 597 et A. Barbier. *Dict. des ouvrages anonymes*, III, 932.

—— Deuxième édition dans le *Recueil de diverses poésies non encore imprimées*, Amsterdam, 1661; le titre est ici "Sur une impuissance".

[B.N.F. Rés. pYe. 17.3]

La pièce a eu de nombreuses éditions de colportage, s.l.n.d., sous le titre "L'occasion perdue et recouvrée, ou les amours de Lisandre" in 12, de 12 pp.

[B.N.F. Ye 56375 (344) (345) (346)].

—— *Poésies/Nouvelles/et autres œuvres/galantes du sieur de C.* Paris, Théodore Girard, 1661-1662. Avec privilège du Roy. In 12.

[B.M. Bordeaux, D 55463 Rés.; exemplaire de l'abbé Goujet.
- Arsenal, 8° BL 9175
- Bibl. des Fontaines, Chantilly-Lyon, B 235/40
- British Museum 11483. aa. 5.]

Cette première édition, signalée, dans la *Bibliothèque de M. Frédéric Lachèvre* (p. 12, n° 71), contient, dans un cahier (paginé 1-12) "L'occasion perdue recouverte", "reveue, augmentée et corrigée par l'Autheur, Stances" dont le texte diffère sensiblement de celui de 1660. L'avis "Au Lecteur" affirme que cette publication des *Poésies* a été faite à l'insu de l'auteur. Outre "L'occasion perdue", elle comprend trois parties: *Poésies nouvelles et galantes* (1-102); *Poésies morales et chrétiennes* (103-188); *Lettres choisies et galantes* (189-234). A la page 235, "Portrait de l'Autheur fait par luy-mesme".

—— Deuxième édition:

[B.M. Bordeaux, B. 5383 (éd. Th. Girard, 1662, avec contenu différent de la précédente. Aux pages 153-159 "La jouyssance imparfaite. Idyle": sur le thème, qui connut une grande fortune au XVIIe siècle de *La jouyssance* (cf. Saint-Amant) ou de *La jouyssance imparfaite*. *Les Lettres choisies et galantes* sont datées de 1664: "seconde édition")
- Arsenal, 8° BL 9163 (Th. Girard, 1664)
- British Museum, 11484. aa. 5 (Th. Girard 1664/1665)
- B.N.F., 8°Ye 3476, in 12. (Th. Girard, 1664/1665).]

—— *Les/Marguerites/Poeme heroïque/Dedié/A Madle Mte*. F./Bordeaux Jacques Mongiron Millanges, 1676, in 12°.
Dédicace signée D. C.

[B.M. Bordeaux Br 22307 Coffre. Le volume vient de la librairie Giraud Badin, à Paris.]

Simple indication du titre de cet ouvrage dans le *Journal* par Jacques Delpit, (1808-1892), fondateur de la Société des Archives historiques de la Gironde.

B.M. Bordeaux. Ms. 1453, f° 93.

—— *Le/Mercure/Dolant/Dédié à la Memoire/D'Illustre Demoiselle/ M.D.F./Par le sieur D. C.*/Bordeaux Jacques Mongiron Millanges 1678. Première et seconde parties. In 4°.

[B.M. Bordeaux. B 1299 Rés. Première partie.
Arsenal 8° BL 5358 Première et seconde parties;
la seconde partie est amputée du cahier final]

—— Fac-similé avec Introduction et Notes par Anne-Marie Clin. P.U. Bordeaux, 1984.

[B.M. Bordeaux TR 112 R/TR 35
Arsenal 8° Pn 13082]

—— *L'année galante, dédiée à Mademoiselle d'O*^{xxx} *par le sieur de Cantenac*. Seconde partie. Bordeaux, J. Mongiron, Millanges, 1680.
[Collection particulière: Exemplaire du Dr A.Rolland]
La première partie est restée, jusqu'à présent, introuvable.

—— "Au roi Catholique, madrigal", dans *Le Mercure galant*, février 1701, p. 83. Figure en annexe n° 6 dans la thèse dactylo-graphiée d'A. M. Clin.

—— *Satyres/nouvelles/de/Monsieur Benech de Cantenac/Chanoine de l'Eglise Metropolitaine/et Primatiale de Bourdeaux/Avec d'autres Pieces du même Auteur/Faites depuis quelques années*/A Amsterdam/chez la veuve Chayer, dans le Sleestraat. (Sans date; vers 1705). In 8° de 89 pp.

[Arsenal, 8° BL 11716;
Bordeaux 5384 Rés. et Br 11391;
Bibliothèque de M. Coudroy de Lille]

Dans une *Adresse au Lecteur*, le Libraire écrit: "La beauté des pensées, la richesse des expressions et les agrémens qui y (dans les *Satyres*) sont répandus font aisément comprendre quelle perte on auroit faite, si un ami de l'Autheur ne les eût garanties du naufrage d'un grand nombre d'excellentes Pieces qu'il a proscrites depuis que son état d'homme d'Eglise l'a obligé de renoncer à tout ce qui n'est pas du devoir de sa profession."

Ce recueil comprend dix-sept "satyres":

I: *Païs inconnu;* II: *De l'orgueil et des miseres de l'homme*; III: *Sur le malheur des Grands*; IV: *Avis à ceux qui veulent s'engager au service des Grands*; V: *L'homme deguisé*; VI: *Contre des abbez libertins*; VII: *Le faux devot;* VIII: *Portrait de l'homme*; IX: *Motifs de la Solitude*; X: *Le Solitaire ou l'éloignement des emplois*; XI: *L'homme abusé par l'Amour et par la Fortune*; XII: *Aux Dames*; XIII; *Sur les malheurs du tems*; XIV: *Aux hommes mariez;* XV: *Contre l'avarice*, XVI: *Contre l'Amour*; XVII: *Contre un gentilhomme de la ville de Bourdeaux qui fit assassiner son pere*.
Neuf, au moins, de ces *Satyres* avaient paru dans *Le Mercure galant*, entre 1697 et 1705. La *Satyre I, Païs inconnu*, pièce signée Cantenac, se lit dans le Manuscrit fr. 15229 de la B.N.F., 428 v°. La *Satyre III*, "*Je plains avec raison la fortune des grands* " se trouve dans le Manuscrit 696 de la Bibl.

de Bordeaux (ff. 52-53). La satyre V: *L'homme déguisé* a été republiée par F. Fleuret et L. Perceau dans *Les Satires françaises du XVII*[e] *siècle*, Paris, Garnier, 1923, t. II, 173-174.
Les *Satyres* sont suivies, pp. 69/87, de poésies diverses, dont p. 72: *Reflexions d'un vieux Ecclesiastique, sur sa vie passée*; p. 78 , *Sur une fille qui s'étoit abandonnée à trois vieillards. Sonnet* . Le volume comprend aussi des madrigaux, des "vers irréguliers" (vers de mesures différentes, comme ceux de La Fontaine dans ses *Fables*).

—— *Recueil de quelques pieces nouvelles de prose et de poesies*. Par M. Bxx Cxx. *Difficile est satyram non scribere. Juven. Sat.* 1. A Cologne, Pour la Société, 1710, 92 pp., in 8°.
Ouvrage signalé dans le catalogue de la vente des livres de F. Lachèvre, (p. 12, n° 72) où il est relié avec les *Satyres* d'Amsterdam. Décrit comme un in -8° de quatre-vingt-douze pages par E. Féret *Statistique générale du département de la Gironde*, Bordeaux, et fils, t. III, 1889, pp. 118.

Conservé à l' [Herzog August Bibliothek Wolfenbüttel Lm 1492 (2)
Arsenal, 8° BL 15908]

Ensemble de pièces en français et en latin:

pp. 1-6: *Avertissement*, non signé. "Au reste, je souhaitte que le Public ne fasse pas de ces petites Poësies le même jugement qu'il fait des productions informes et monstrueuses dont on l'accable. On a lieu d'être content, s'il en dit seulement:
Sunt bona, sunt quaedam mediocria, si mala multa (p. 5).

pp. 7-31: Poésies en français, parmi lesquelles, une épigramme ("A voir le Barbier Nicolas"); des portraits (Le diseur de Rien... La Dame Rotturiere... Le mignard... D'un habile Prédicateur); une épitaphe ("Ci gît qui fut un savantas"); deux pièces *A Mylord Marlborough*); une fable allégorique ("Le Renard au jeune Lion"); des vers octosyllabes "Aux G.[enevois]"; une ode (v. 3 "Tes projets Grand Louis, ne sont plus que du vent"); deux Discours en vers.

pp. 32-54: Pièces latines en vers (*Quisquis es, Heroum si quae tibi cura, misellus*) et en prose: *Jani Septimii Decembris Somnium.*

pp. 55-88: En prose française, *Reflexions sur divers sujets* ("De Dieu et de la Religion"; "De Jésus Christ, et du St. Esprit"; "De quelques oracles où le Redempteur est promis"… "De l'Amour propre et de la Vertu fausse et veritable", "Des occupations des hommes"… "De la Mort et de la Vie"… "Des Etudes, et des Auteurs d'aujourd'hui").

pp. 89-92: *Ad Martem; Ad pugnantes pro patria; Ad Religionem.*

II. *Inédits*

—— Sept lettres de Cantenac à son frère Hélie, alors domicilié à Paris. Découvertes par Madame Clin-Lalande aux Archives départementales de la Gironde, (Série E, 225), elles s'échelonnent du 20 octobre 1696 au 20 avril 1697.
Elles sont reproduites en annexe (pp. 247-256), dans la thèse d'A.-M. Clin.

—— *Vers à la gloire du roi composés par Mr de Cantenac, chanoine de l'Eglise de Saint André, en la ville de Bordeaux.*
[B.M. Bordeaux, Ms 696 7°35v°-36v°].
En Annexe, pp. 237-239 dans la thèse dactylographiée d'A. M. Clin.]

—— *Lettres de divers, dont deux sixains de Cantenac.*
Arsenal, [Ms., Conrart, 5418 t. IX, pp. 1231-1232].

"La douleur de ne pas vous voir
est une douleur generalle,
Et chacun vous a fait sçavoir
Qu'il ne s'en trouve point d'esgalle
Mais je connais quelqu'un qui souffre plus que tous
Dont le mal est plus grand, parce qu'il est plus doux.

Il vous regrette chaque jour,
d'une maniere differente,
La peine et le plaisir l'occupent tour à tour
alors qu'il songe à vous et qu'il vous trouve absente,
Il dit, sans descouvrir ses plaintes et ses voeux
que vous estes aimable et qu'il est malheureux"

Dans la marge gauche du manuscrit, face à la signature de Cantenac, une note indique qu'il était "escuyer du P. (prince) de Tarente." Ses sixains s'adressent à Madame de Monglat[1].

1 Cécile-Elisabeth Hurault de Cheverny (1618-1695), petite fille du chancelier Cheverny, était l'épouse du marquis de Montglat, le mémorialiste. Elle fut la maîtresse de Bussy-Rabutin, qui donne un portrait d'elle (sous le nom de Bélise) dans l'*Histoire amoureuse des Gaules*. Voir aussi Somaize, *Grand Dictionnaire des Précieuses*, 1661, I, 282.

ELEMENTS DE BIBLIOGRAPHIE GENERALE

Etudes historiques, bibliographiques et littéraires

DUCHESNE (Julien): *Les poèmes épiques français du XVIIe siècle.* Paris, Thorin, 1870.

TOINET (R.): *Quelques recherches sur des poèmes héroïques ou épiques français du XVIIe siècle*, 2 vol. Tulle, 1889-1907.

DE BORDES DE FORTAGE (Louis): *Choix de Poésies inédites du Président de Métivier*, Bordeaux, Gounouilhou, 1901.

LACHEVRE (Frédéric): *Bibliographie des recueils collectifs de poésie publiés de 1597 à 1700.* Paris, H. Leclerc (1901-1905), 4 vol. Réimp. Genève, Slatkine, 1967.

Bibliothèque de M. Frédéric Lachèvre. Hôtel des Ventes de Versailles (8-9-10 octobre 1957). Paris, Robert Cogeval.
[Arsenal 8° C 1136 bis]

MAGENDIE (Maurice): *La Politesse mondaine et les théories de l'honnêteté en France au XVIIe siècle*, Paris, P.U.F. 1925.

BENICHOU (Paul): *Morales du Grand Siècle*, Paris, Gallimard, 1948. (notamment pp. 155-180: La démolition du héros.)

ADAM (Antoine): *Histoire de la littérature française au XVIIe siècle*, Paris, Domat, 1948-1956, 5 vol. [rééd.].

Dictionnaire des Lettres françaises (dir. par Mgr Grente),
Le *XVIIe siècle*, Paris, Fayard, 1954. Edit. revue et mise à jour sous la direction de Patrick Dandrey, Paris, Fayard, 1996. [Cantenac, p. 234].

CABEEN (D. C.): *A critical Bibliography of French Literature: The XVIIth century*, Paris-New York, 1961; complété par Hall (H. C.): *The XVIIth Century, Suppl.*, New York-Paris, 1983.

PICARD (Raymond): *La poésie française de 1640 à 1680*, Paris, SEDES, 1964-1969, 2 vol. T. II, 1965: *Satire, Epître, Burlesque, Poésie galante.* (Textes et documents critiques).

CIORANESCU (Alexandre): *Bibliographie de la littérature française du XVIIe siècle* [jusqu'en 1960] Paris, CNRS. 1965-66, 3 vol. [Benech. Jean, I, numéros 11239-11247].

— *Le Masque et le visage Du baroque espagnol au classicisme français,* Genève, Droz, 1983.

LATHUILIERE (Roger): *La Préciosité. Etude historique et linguistique*, Genève, Droz, 1966.

Bordeaux de 1453 à 1715 (dir. R. Boutruche), Bordeaux, 1966.

Littérature française (dir. C. Pichois). *L'Age classique,* II, 1660-1680 par Pierre Clarac, 1969.

DESGRAVES (Louis): *Les livres imprimés à Bordeaux au XVIIe siècle*, Genève, Droz, 1971. Au numéro 1419, *Les Marguerites* de Cantenac.

PELOUS (Jean-Michel): *Amour précieux, amour galant.* Paris, Klincksieck, 1980.

LONGEON (Claude. éd.): *Le genre pastoral en Europe du XVe au XVIIe siècle,* Saint-Etienne, 1980.

BLUCHE (François): *La Vie quotidienne au temps de Louis XIV*, Paris, Hachette, 1986.

DOTOLI (Giovanni) *Littérature et société en France au XVIIe siècle,* Fasano-Paris, Schena-Nizet, 1987; 2e éd. revue et corrigée, Schena-Nizet, 1990.

DESGRAVES (Louis): *Répertoire bibliographique des livres imprimés en France au XVIIe siècle*, t. XIV, Baden-Baden, V. Koerner, 1988.

BERTAUD (Madeleine): *Le XVIIe siècle*, Nancy, P.U.N, 1990.

Précis de littérature française du XVIIe siècle (dir. J. Mesnard), Paris, P.U.F., 1990.

*Dictionnaire du Grand Siècle (*dir. F. Bluche), Paris, Fayard, 1990.

TURBET-DELOF (Guy) "Etat présent des études sur Cantenac". *XVIIe siècle*, avril-juin 1991, pp. 161-165.

Dictionnaire universel des Littératures (dir. scient., M. Fumaroli et R. Zuber) Paris, P.U.F, 1994.

Dictionnaires et manuels de langue

COTGRAVE (Randle): *A Dictionnaire of the French and English tongues*. Londres, Adams Islif, 1611. Reprod. William S. Woods, Columbia, Univ. of South Carolina Press 1950.

SOMAIZE (Antoine Boudeau, sieur de): *Le Grand Dictionnaire des Précieuses ou la clef de la langue des ruelles*. Paris, 1660-1661. Réimp. Genève, Slatkine, 1972.

MORERI (Louis): *Grand Dictionnaire historique*, 1674.

RICHELET (Pierre): *Dictionnaire français*, Genève, Widerhold, 1679, 1680. Réimp. Genève, Slatkine, 1970.

FURETIERE (Antoine): *Dictionnaire universel*, La Haye et Rotterdam, A. et R. Leers, 1690, 3 vol. Réimp. Paris, SNL. Le Robert, 1978.

Dictionnaire de l'Académie françoise, Paris, Coignard, 1694, 3 vol.

Dictionnaire de Trévoux (1704); 5e éd. 1752.

HAASE (A.): *Syntaxe de la langue française du XVIIe siècle*, P. Picard, 1898; 7e édition (trad. Obert), Paris, Delagrave, 1969.

BRUNOT (Ferdinand) *Histoire de la langue française,* 13 vol. T. IV: *La langue classique* (1660-1715) Paris, A. Colin 1913-1923. Nouv. édit., *ibid.*, 1966-1979.

CAYROU (Gaston) *Le Français classique. Lexique de la langue française du XVIIe siècle.* Paris, Didier, 1923.

DUBOIS (Jean), Lagane (René), Lerond (Alain). *Dictionnaire du français classique.* Paris, Larousse, 1971. Nouv. éd., *ibid.* 1992.

SPILLEBOUT (Gabriel): *Grammaire de la langue française du XVIIe siècle.* Paris, Picard, 1985.

ETUDES SUR CANTENAC

LACHEVRE (Frédéric): *Nouvelles glanes bibliographiques et littéraires.* Paris, Giraud-Badin, 1933. *"L'occasion perdue recouverte est-elle de Cantenac ou de Corneille?* (1660) pp. 175-187.

TURBET-DELOF (Guy); Recherches bibliographiques sur Cantenac. *Revue française d'histoire du Livre* n° 29 (oct.-déc. 1980) pp. 747-749.

CLIN (Anne-Marie): "Un roman bordelais: Le *Mercure dolant, XVIIe siècle,* n° 130 (1981) pp. 86-89.

Ed.: "Du nouveau sur l'écrivain bordelais Jean Benech de Cantenac" (vers 1630-1714), *Aspects litteraires du Sud-Ouest pyrénéen.* Université de Pau, mai 1982, pp. 47-55.

Ed.: *Recherches sur "Le Mercure dolant"* (1678), *roman attribué au poète bordelais Jean Benech de Cantenac* (1630-1714). Thèse dactylographiée pour le doctorat de troisième cycle de littérature française. Université de Bordeaux III, 2 oct. 1982.

Ed.: Cantenac (Jean Benech de) Le "*Mercure dolant"* (1678) Bordeaux, P.UB., 1984. Fac-similé de l'exemplaire de l'Arsenal. Introduction et notes par A. M. Clin. Préface de G. Turbet-Delof.

TURBET-DELOF (Guy): "Note sur une curiosité narratologique du *Mercure dolant* de Cantenac" XVIIe siècle, n° 142 (1984), pp. 53-56.

CLIN (Anne-Marie): "Jean Benech de Cantenac" *Entre Montaigne et Montesquieu. Les écrivains bordelais et la vie intellectuelle à Bordeaux au XVIIe siècle.* Bordeaux, 1985, pp. 56-59.

TURBET-DELOF (Guy): "La nouvelle affaire Cantenac", *Cahiers de littérature du XVIIe siècle*, Toulouse, n° 8 (1986), pp. 289-296.

BERTRAND (Laurence) et Rolland (Antoine): "Note sur un ouvrage inconnu et sur une poésie inédite de Jean Benech de Cantenac". *XVIIe siècle* oct-déc. 1989, pp. 453-455.

[L'ouvrage inconnu est l'*Année galante* et la poésie, celle que l'on trouve dans le Manuscrit Conrart 5418, t. IX, Arsenal, pp. 1231-1232]

TURBET-DELOF (Guy): "J. J. Surin et le sieur de Cantenac avec un additif sur les *Marguerites* de Cantenac" *R.H.L.F.* mars-avril 1991, pp. 229-230.

AULOTTE (Robert): "Séduction galante. Les *Marguerites* de Jean Benech de Cantenac (1676)". *Littérature et séduction* Mélanges L. Versini, Paris, Klincksieck, 1997, pp. 83-94.

LES

MARGVERITES

POEME HEROIQVE
DEDIE

A Mad^{le} M^{te} F.

A BORDEAUX ;

Par JACQVES MONGIRON MILLANGES
Imprimeur ordinaire du Roy.

M. DC. LXXVI

A MADEMOISELLE. F.[1]

IE vous avoüe, Mademoiselle, que j'entre en mauvaise humeur touttes les foix que je considere que tout le Monde parle des Marguerites et que personne ne sçait ce que c'est, que l'Antiquité qui nous a laissé tant de beaus secrets, qui nous a decouvert tant de veritez cachées et developé tant de Mysteres soit demeurée dans cette ignorance et qu'encore aujourd'huy l'on parle par tout des Marguerites, qu'Elles entrent dans les belles conversations, qu'Elles fassent l'entretien des Academies[2], des Cercles[3] & des Rüelles[4] et que l'on ne sçache pas ce que c'est: quelques uns nous ont voulu persuader que les Marguerites estoint des Heroïnes des premiers temps lesquelles ayant illustré leur vie par de belles actions avoint merité que Iupiter leur donnât rang parmy les Astres, qu'autant d'Etoiles que nous voyons marquer les figures du Chariot[5], de la Chevelure de Berenice[6], du Chien d'Erigonne[7] &

---

1 Selon Monsieur Pierre Coudroy de Lille, cette dédicataire serait Marguerite de Ferron (née en 1665), comme semble l'indiquer la dédicace A. Madle Mte F. placée en tête du premier Chant. *Mademoiselle* est "un nom qu'on donne à toutes les filles qui ne sont point mariées, pourvu qu'elles ne soient de la lie du peuple ou filles d'artisans" (*Dict. Furetière*).

2 Assemblées de personnes qui s'intéressent aux belles-lettres, aux sciences, aux beaux-arts. Ainsi, à Bordeaux, l'"Assemblée" du président Salomon qui, vers 1664, commence à réunir chez lui, tous les vendredis, des amis intéressés par les expériences scientifiques.

3 Compagnies dont les membres se réunissent dans un but d'études particulier. Ainsi, le Cercle littéraire du samedi, où, pour rimer, Mademoiselle de Scudéry recevait ses amis, rue de Beauce, dans le Marais.

4 "Alcôves, et, en général, lieux parés où les dames reçoivent leurs visites, soit dans le lit, soit sur des sièges" (*Dict. Furetière*). Le mot *salon* est, semble-t-il, mentionné pour la première fois dans la *Gazette* de Loret, en 1664.

5 La Grande Ourse, constellation du pôle septentrional, dont les sept étoiles représentent grossièrement la forme d'un chariot avec son timon.

6 Petite constellation de l'hémisphère boréal située entre le Bouvier et le Lion. Bérénice, femme de Ptolémée III Evergète, roi d'Egypte, avait fait vœu de couper une boucle de ses cheveux et de les offrir à Vénus, si son mari revenait vainqueur d'une expédition en Assyrie. Elle tint sa promesse mais, le lendemain de cette offrande, les cheveux disparurent du temple. Selon l'astronome Conon, ils avaient pris place dans le ciel, en formant la constellation de sept étoiles qu'il venait de découvrir et qu'il nomma la Chevelure de Bérénice. Cette métamorphose fut célébrée par Callimaque dans un poème aujourd'hui perdu, imité par Catulle (*Poésies*, 66: "Omnia qui magni dispexit lumina mundi").

7 Réminiscence possible de Virgile, *Géorg.* I, 33 ou Tibulle, IV, I, 10 ou d'Ovide, *Mét.*, X, 451 ou encore d'Hygin, *Astron. poet.*, II, 4, 3-4, et *Fab.* 130. A moins que ce ne soit d'Apollodore, *Bibliotheca,* III, 14, 7.3. Erigoné s'était pendue à l'arbre au pied duquel l'avait conduite sa chienne Maera pour lui faire découvrir le cadavre sans sépulture de son père Icaros. Elle fut pour sa piété filiale transfigurée en constellation: la Vierge. Et Maera, morte aussi sur la tombe, devint la constellation du Chien (Canicule). Cf. Ronsard, aux tomes II, 26, XVII, 180 et XVIII, 162 de l'édition Laumonier, et Olivier de Magny, *Odes*, III, 36, v. 146-150, éd. Fr. Rouget, Droz, 1995.

des autres constellations estoint autant de Marguerites, & que ce que l'on voit de differance entre celles de la premiere jusqu'à celles de la sixiéme grandeur[8] provenoit des divers degrez de merite & de leurs faits plus ou moins éclatants sur le pié[9] desquels le Pere des Dieux avoit mesuré l'etanduë de leur Sphere; d'autres se fondant sur la façon de parler des Grecqs et des Latins ont soutenu que les Marguerites estoint ces mémes Heroïnes sous la nature des Perles[10] que le Ciel et la Rosée font naitre dans les Nacres, que le même Iupiter avoit inspiré aux hommes la hardiesse de les aller chercher du sein de Neptune pour les produire encore dans nôtre Monde & les faire paroitre auec éclat sur les testes Illustres et parmy les gens de la premiere qualité[11], et que l'inegalité que l'on remarque entre elles venoit aussi de la differance de leurs mœurs et de celle des Vertus qu'elles avoint exercées avec plus ou moins de force durant le cours de leur vie: Croyez moy, Mademoiselle, ce ne sont que des songes & de pures illusions, pour sçavoir ce que c'est que les Marguerites, il ne faut point s'Elever dans la Region du feu ni descendre dans le fond des Abîmes, Elles naissent, Elles habitent, Elle conversent parmy Nous[12]; Vous sçaurez ce que c'est si vous voulez vous donner la péne de lire ce Poëme que je vous consacre comme à la Marguerite des Reines ou comme à la Reine des Marguerites; je ne sçay si je me flatte ou si vous m'avez flatté, mais il me semble vous avoir oüy dire que mes réveries[13] vous plaizoint et que mes mensonges mêmes estoint de quelque merite auprez de vous: si cela est ainsi je seray bien heureux quand je me sentiray assez fort pour écrire vos veritez, en attandant cét avenir permettez moy, MADEMOISELLE, que j'en publie deux qui ne peuvent estre contredittes, c'est que je vous estime infiniment et que je suis aussi infiniment. VOTRE SERVITEUR D.C.

---

8 Les premiers observateurs avaient, en effet, classé les étoiles d'après leur éclat apparent: par ordre décroissant, de la première grandeur à la sixième, celle des dernières étoiles visibles à l'œil nu.

9 "A raison, à proportion" (*Dict. Ac. Fse*, 1664).

10 *Perle* se dit en grec *μαργαριτης*, en latin, *Margarita*.

11 Condition d'une personne noble.

12 Sont habituellement avec nous.

13 Songes, méditations.

LES

MARGVERITES

POEME HEROIQVE

DEDIE

A Mad^{le} M^{te} F.

CHANT PREMIER.

Ces Filles du Printemps qui couvrent nos Préries [1]
Qui portent sur leur tein[1] celuy des Pierreries,
Peintes du blanc de Perle et du feu des Saphirs
Ces œuvres du Soleil et des tendres Zephirs,
Ces boutons precieux où la riante Aurore
Sortant du sein de l'Onde et toutte moite encore
Forme tous les matins du Cristal de ses pleurs [2]
Vn Email assorti des plus riches couleurs;
Ces Fleurettes, dis-je, qui vont humiliées[2]
Vous rendre leur hommage en un Bouquet liées
Le Creriez-vous, Iris[3], ce furent autre-fois

---

1 Couleur et délicatesse de la peau.

2 Poussant au niveau du sol et reconnaissant la supériorité de l'éclat de la dédicataire.

3 Cantenac n'a pas chanté qu'Iris. Dans ses *Poésies nouvelles et galantes*, il célèbre, avec Iris, Florice, Amarante, Arténice, Cloris, Caliste… Une Iris "maintenant prude et jadis fort coquette" est également citée dans la *Satyre IX* de ses *Satyres nouvelles*. Le prénom, sur lequel s'ouvrent les *Valentins* attribués à Guilleragues, est, d'ailleurs, courant dans la pastorale (J. de Lingendes, *Les changements de la Bergère Iris*, 1605) et dans la littérature galante de l'époque. On trouve, ainsi, une Iris dans un madrigal de La Sablière (*Recueils de Sercy*, V, 1660), une Iris célébrée dans les poésies du Président de Métivier, une Iris, amoureuse de Clédomis, dans l'*Anaxandre* de Madame de Villedieu (1667), une autre dans la *Dispute d'Apollon et de l'Amour sur des vers* d'*Iris* (1677) de Catherine Bernard, une autre encore dans l'*Histoire d'Iris* (1685) du comédien auteur Raymond Poisson. Voir Micheline Cuénin, *Roman et Société sous Louis XIV. Madame de Villedieu,* Lille, Atelier de reproduction des thèses, 1979, p. 248 et suivantes.
De nombreuses mentions d'Iris dans le Ms. Conrart 5418 t. IX de la Bibliothèque de l'Arsenal, où Iris (p. 911) désigne une jeune et belle comédienne, nommée la Duparc, qui aurait inspiré à Corneille les Stances *A Marquise*.

Dans leur premier destin les Nymphes de vos bois.
Muses inspirez moy l'Esprit de faire dire
Aux Concers de ma voix avec ceux de ma lyre
Quels furent les motifs des Celestes decrets
Pour transformer en Fleurs ces Nymphes des forets,
Pourquoy les immortels, de ces infortunées
Se plurent à changer les belles Destinées
Et pourquoy renaissant avecque les Printemps
Elles vivent toújours et meurent tous les ans.
Au bout de ce Lointain[4] qui se perd à la veuë
Et qui fait de chez vous la plus belle avenuë,
Où les charmes touffus entrelassant leurs bras [3]
Font un sombre couvert de plus de mille pas,
Vous le sçavez, Iris, un doux panchant vous mene
Entre deux grans Canaux tout le long d'une Plaine
Dorée en sa saison des tresors de Cerez[5]
Et vous conduit enfin dans de vastes Forets:
En entrant dans ces Bois d'abord l'Ame touchée
Ressent les mouvements d'une frayeur cachée,
Que ce soit par l'Esprit de quelque Demy-Dieu
Ou par l'instinct secret du genie[6] du lieu
Ou que la Majesté de cette solitude
Imprime du respect ou de l'inquietude
On est enfin émeu par un je ne sçay quoy[7]
Qui donne du plaisir avecque de l'Effroy:
Dans l'Epesse Forest à même qu'on s'avansse
Vn bruit sourd de ces lieux interrompt le silance
Et l'on n'a pas marché plus de quatre cent pas [4]
Qu'on voit choir d'un Rocher scarpé[8] du haut en bas
Vn ruisseau ramassé des eaux de plusieurs sources
Lesquelles finissant leurs naturelles courses
Tombent là tout d'un temps d'un coup precipité,
Font ce bruyant fracas qu'on avoit ecouté

4 Terme de peinture. Ce qui, dans le paysage d'un tableau, paraît le plus éloigné à la vue.

5 Cérès/Déméter, déesse de la terre cultivée.

6 Esprit ou démon qui préside au lieu.

7 Cette expression, fréquente chez les mondains et dans la critique littéraire du temps, est fort appréciée par Cantenac. Le *je ne sçay quoy* donne, de manière indéfinissable, du charme, de la beauté, un certain air agréable. Voir l'essai que lui consacre le Père Bouhours dans ses *Entretiens d'Ariste et d'Eugène* (1671).

8 Escarpé.

S'Elevent par leur chute entre elles refoulées
Forment de gros boüillons d'ecumes emperlées
Et faisant par leurs sauts et leurs bons mille jeux
Fuyent on ne scait où sous des abîmes creux.
De tout cet amas d'Eaux il en reste une véne
Qui se derobe aux yeux sous le tronc d'un vieux chesne
Et s'ouvrant son conduit par des sentiers couverts
Va former une Conque[9] entre deux coteaux verts
Où des Ormes courbez du pois de leurs années
Ayant leurs bras ensemble et leurs mains enchenées
Font naturellement, les uns aux autres pris, [5]
Sur ce planché liquide un mobile Lambris:
Ce doux amusement par où la reverie
Fait que l'esprit charmé de luy même s'oublie
Cede enfin au plaisir où l'on est appellé
A la veuë d'un antre à vint pas reculé.
Là les Fleurs à Festons bordant son embouchеure
Sur un fond toûjours vert font plus d'une figure.
La Vignette et la[10] Lierre en tapissent le tour
Les Campanes[11] y sont pandantes à lantour,
Il semble qu'à dessein les Plantes ramassées
Rampant l'une sur l'autre entre elles enlassées
Se plaizent à parer de tous leurs ornemens
A l'Envy des Palais cette Alcove des champs.
On admire en entrant sa Figure voutée,
Que tout est revêtu de mousse veloutée,
Que la molle herbe y croist et qu'en toutte saizon [6]
On y peut reposer sur des lits de gazon;
Du cerveau[12] du Rocher qui couvre cette voute
Mille Cristaux fondus découlant goutte à goutte
Sans peine et sans effort par leur cheute ont cavé
Dans le milieu de l'antre un grand Bassin gravé;
On est surpris de voir que sur ces roches dures
L'Eau dessine en tombant d'infinies figures,
Des têtes de Lyon, des queuës de Serpans,

---

9 Bassin en forme de coquille.

10 Coquille, sans doute, *lierre* étant masculin au XVIIe siècle. Le lierre était consacré à Bacchus (cf. Ovide, *Fastes*, III, 767) mais, il n'a sa place ici que comme plante ornementale.

11 Fleurs ressemblant à des clochettes.

12 Sommet.

Des Chiens, des Limaçons, des insectes rempans,
Des Coquilles, des Fleurs, des Feüilles, des Estoilles,
Que tout semble animé sous ces humides voiles
Et que ce soit enfin sans burin et sans Art
Les bizarres[13] travaux du temps et du hazart:
Mais on est plus surpris quand apres ces merveilles[14]
On se sent tout saisi des yeux et des oreilles
Et que voulant sortir de ces antres desers,
On s'y trouve enchené par d'invisibles fers. [7]
On ne peut s'avansser des piez ni de la teste.
Quelque secret lien vous serre et vous arreste;
Vous ne sçauriez gaigner un pousse de terrein,
L'Air vous retient tout court ainsi qu'un mur d'airein,
En vain on se debat, en vain on se tremousse[15]
Vous santez sans la voir une main qui vous pousse
Et qui sans autre effort vous fait seoir doucement
Sur les lits gazonnez où vous estiez avant:
Vous n'estes pas rassis qu'une douce harmonie
Vous remplit à l'instant d'une joye infinie,
On observe par tout s'il n'est point quelque trou,
Les Luts se font entendre et l'on ne sçait pas où,
Bien tôt apres les Luts on oyt des voix humaines,
Des Concers assortis, des symphonies plénes
Et de tout ce plaisir l'Oreille en a le bien [8]
Sans que jamais les yeux s'apperçoivent de rien.
Dans cette Region la Créance vulgaire
De cette melodie en faisant un mystere
Tient que des plus hauts monts et par leurs cavitez
Comme par des tuyaux, jusqu'aux lieux habitez
La Musique des Cieux par de longs crux[16] s'entonne,
Que cháque Echo touché des mêmes airs resonne
Et que tous de Concert, dans l'antre de ces bois,
Randent les mémes tons, chaque jour, une fois.
Dés que l'on n'entend plus cette belle harmonie
La liberté revient, la contrainte est bannie

13 A rapprocher de la première orthographe de l'adjectif: *bigearre*, aux aspects capricieusement divers. On a pu dire que le *baroque* était, en architecture, une nuance superlative du *bizarre*.

14 Représentations étonnantes, extraordinaires.

15 Se remue d'un mouvement rapide et tremblant.

16 Cavités (forme gasconne pour *creux*). Même graphie v. 565. Mais *creux* (à la rime) v. 48.

Et l'on peut franchement à ces derniers accors
Ou demeurer dans l'antre ou bien sortir dehors;
Quelque route qu'on prenne en toute la contrée
Par tout quelque merveille à vos yeux est montrée.
Suivez tous les detours où vous portent vos pas [9]
Vous y trouvez par tout de surprenans appas.
Vous rencontrez toûjours des nouveautez insignes;
On voit sur cét Estang des familles de Cygnes
Sa glace en est couverte et ses bors sont garnis
De mille oyseaux sans nom, de Pluviers[17] infinis.
Sous cette aisle de bois à cent pas que vous faites
Vous y voyez passer une harde de bestes;
Les Chevreux et les Dains, les Serfs[18] et les Sangliers
Sortent deux foix le jour du fort[19] de ces halliers,
Ils n'ont rien de feroce, ils n'ont rien de Sauvage,
Paisibles habitans de ce sacré bocage
Où Diane[20] souvent avecq touttes ses Sœurs
S'en vient tenir son Cercle à l'abry des chaleurs,
Ils y vivent sans peur, sans bruit et sans tumultes,
Sans craindre du chasseur les violans insultes[21]
Et souffrent sans façon par un instinct humain [10]
Que chaqun en passant les flatte de la main;
La-bas vers le détour de cette vaste allée
Où l'on remarque en rond la molle herbe foulée,
La folette Bergere et les Bergers folets
Y viennent tous les soirs dancer les Tricotets[22],
On en voit s'Escrimer de leurs longues houlettes
D'autres lançer leur corps sur des Escarpoulettes
Et tous d'un même esprit s'Evertüer entre eux
A qui plus galamment[23] faira de nouveaux jeux;

---

17 Oiseaux échassiers qui vivent au bord des eaux, des marais.

18 Cerfs. *Sangliers*. Synérèse (deux syllabes).

19 Endroit le plus épais et le plus touffu.

20 Diane/Artémis, déesse de la chasse. *Ses sœurs*, les ferventes de vénerie.

21 *Insulte* est souvent masculin au XVIIe siècle.

22 Le *Tricotet*, danse de la fin du XVIe siècle, fut en grande vogue au XVIIe siècle. Les mouvements rapides des pieds évoquaient ceux des mains agiles d'une femme qui tricote. Elle était dansée dans la haute société, comme en témoignent les *Mémoires* de Mademoiselle de Montpensier. Les bergers de Cantenac n'ont rien de *rustici pastores*. Comme ceux de l'*Aminta* du Tasse et de l'*Astrée* d'Honoré d'Urfé, ils pratiquent, dans le bonheur champêtre des loisirs, un art de vivre plutôt mondain.

23 Avec adresse, de manière agréable et de nature à plaire.

Pour chanter de ces lieux tout ce qu'on en peut dire
Il faut plus d'une voix, il faut plus d'une lyre.
Mais vous sçavez enfin que de mille cotez
On y voit naistre, Iris, un Monde de beautez.

CHANT II.

DANS ce fameux sejour où touttes les delices [11]
Sont dans leur Pureté sans soins, sans artifices,
Dans ces lieux enchantez où la Nature à l'Art
De ce qu'ils ont de beau ne donne auqune part
Ces Nymphes de tout temps y faisoint leur demeure,
Chaqune en son hôtel en superbe posture[24]
Avoit son trein regglé et chaqune à son tour
Dans son manoir champetre y recevoit la Cour;
    Elles établissoint de certénes journées
Aux Jeux, au Cours[25], au Bal, aux Cadeaux[26] destinées;
Ces jours là, le Zerbin[27], le Berger[28], le Galant[29]
Le Preux avanturier[30], le Chevalier errant
Se rendoint sur les lieux avecq leur équipage,
Selon leur Nation, leurs mœurs et leur usage[31]
l'Habitant, l'Estranger, tous estoint bien receus. [12]
Les Cercles, les Hôtels[32] estoint ouverts pour eux,
Le Franc[33], l'Iberien[34], le Tartare[35], le Scyte[36]
Ne se distingoint point que par le seul merite,

---

24 Position du corps.

25 "Lieu agréable où est le rendez-vous du beau monde pour se promener à certaines heures" (*Dict. Furetière*).

26 Repas, fêtes que l'on donne principalement à des dames avec danses, musiques et jeux.

27 Personnage du *Roland Furieux* de l'Arioste. Fils ardent et généreux du puissant roi d'Ecosse. Isabelle est amoureuse de lui. Dans le *Roland furieux* (1640), tragi-comédie de Mairet, l'idylle amoureuse entre Angélique et Médor, se double de l'histoire tragique d'Isabelle et Zerbin, victimes de la passion brutale de Rodomont.

28 Personnage de la pastorale qui, venant d'Italie (*Arcadia* de Sannazar, *Aminta* du Tasse; *Pastor Fido* de Guarini) et d'Espagne (*Diana enamorada* de Montemayor) connaît un immense succès en France, avec la *Bergerie* de Montchrestien (1601) l'*Astrée* d'Honoré d'Urfé (1610-1627) les *Bergeries* de Racan (1619) et la *Sylvanire* de Jean Mairet (1631).

29 Type de l'homme ingénieux et exquis. Il a de la bonne grâce et cherche à plaire aux dames par ses manières complaisantes et honnêtes.

30 Sur le modèle, par exemple, de l'intrépide et sage roi des Canaries, héros du roman d'amour, d'aventures et d'affrontements armés, qu'est le *Polexandre* de Gomberville. Voir Madeleine Bertaud, *L'Astrée et Polexandre*, Genève, Droz, 1986.

31 Coutume.

32 Grandes maisons garnies. (L'Hôtel de Madame de Rambouillet, par exemple.)

33 De France.

34 D'Espagne.

35 D'Asie Mineure.

36 Des tribus scythiques, réputées pour leur cruauté.

L'Honnete, le Vaillant et de bon entretien[37]
Estoit l'Homme accompli, l'habit n'y faisoit rien.
Il est vray qu'au Blazon[38], au trein[39], à la Devize[40]
Chaqun montroit assez où son Ame estoit prise
Pour quelle Nymphe atteint et pour quelle Beauté
Ses yeux estoint épris et son Cœur arretté;
Chaqun en son canton[41] hebergeoit sous sa tante.
Ce n'estoit que Partys[42] de trente contre trente
Que joutes, que Tournois, courses, deffis[43], cartels[44];
Romanesques Combats et nouveaux Carouzels[45];
Hors ces jours assignez[46] , touttes les Heroines
Selon leurs mouvemens à des vertus enclines
Estoint dans la retraitte[47] et chaqune chez soy [13]
S'occupoit avecq soin à quelque bel employ.

Caliste[48] se plaizoit à l'Art de la Peinture
Elle révoit sans cesse, elle estoit à toutt'heure
Le Pinceau toûjours prait, la Palette à la main
Traçant sur l'Estaudy[49] quelque riche dessein;
C'estoit une merveille à voir sa gallerie
Surpassant en beautez celle de l'Etrurie[50],
On y voyoit d'abord une Artemize[51] en dueil

---

37 Conversation.

38 Ecu armorié.

39 Compagnie de gens de livrée.

40 Sentence ou figure allégorique, accompagnée d'une pensée qui est la marque, gravée sur le bouclier, du service où l'on se met par rapport à quelqu'un.

41 Coin.

42 Jeux auxquels les participants se livrent selon des conventions préalables.

43 Provocations.

44 Défis adressés par écrit pour le divertissement du tournoi.

45 Sortes de fêtes, avec des joûtes, des courses de bagues exécutées par des cavaliers formant des quadrilles et somptueusement vêtus.

46 Réservés pour ces jeux.

47 Lieu où elles avaient choisi de se retirer.

48 La très belle. Une tragi-comédie de Du Ryer (1630-1632) s'intitule *Lisandre et Caliste*, noms que l'on retrouve chez Cantenac.

49 Tablette.

50 La Toscane actuelle, "fontaine d'architecture". L'influence des idées artistiques de la Grèce orientale s'y était manifestée dès la période archaïque et avait continué jusqu'au Ve siècle environ avant J.-C., époque du début de l'assimilation des Etrusques par le monde romain. A défaut de littérature conservée, la riche civilisation étrusque revit dans de nombreuses œuvres d'art (peintures, sculptures, vases décorés).

51 Artémise II, sœur et femme du roi Mausole, à qui elle fit élever (353 avant J.-C.) un magnifique tombeau, le Mausolée. L'histoire d'Artémise a été reprise dans plusieurs séries de tapisseries au XVIe et au XVIIe siècle. Le Musée départemental de Beauvais conserve une

Pleurant amerement sur un Royal Cercueil.
La douleur paroissoit confuse avec ses charmes,
Ses traits y reluisoint au travers de ses larmes
Et Caliste avoit peint sur l'horreur du tombeau
Ce qu'avoit cette Reine et de triste et de beau:
On voyoit plus avant mille Portraits en bustes
Tous les Premiers Heros, les Cezars[52], les Augustes[53],
On voyoit un Seneque[54] expirant dans le bain [14]
Avec les sentiments d'un courage Romain
Faisant sur le trepas, d'un front ferme et stoique,
D'un Visage serein, des Leçons au Portique[55]
Et laissant par sa mort plus de gloire à son nom
Que n'avoit jamais fait Cleante[56] nï Zenon[57].
A suite on y voyoit touttes les Heroïnes,
Plus bas la mort d'Orphée[58] et le rapt des Sabines[59],
Icy les Grans Latins, là les Illustres Grecqs,

---

peinture sur bois d'Antoine Caron, intitulée *La remise du livre et de l'épée.* Artémise y est représentée veillant à l'éducation de son fils, le prince Lygdamis.

52 Au XVIIe siècle, *César* est souvent synonyme d'*Empereur*. Cf. Racine, *Britannicus*, I, 1, 18: "Avez nommé César l'heureux Domitius".

53 Jusqu'à Marc-Aurèle, le titre d'*Auguste* n'était porté que par l'Empereur. Marc-Aurèle associa à l'Empire son frère Varus. Les deux empereurs étaient officiellement égaux et portaient, tous les deux, le nom d'*Auguste.*

54 Compromis dans la conjuration de Pison, le philosophe stoïcien Sénèque reçut de Néron, dont l'éducation lui avait été confiée par sa mère Agrippine, l'ordre de mourir. Il s'ouvrit les veines, en 35, dans sa baignoire. La mort de Sénèque a été peinte par plusieurs artistes: Rubens (Alte Pin. Munich), Luca Giordano (Dresde et Louvre), Ribera (Munich), J. Sandrart (Berlin), Delacroix (Paris, Assemblée nationale). Tristan l'Hermite avait publié, en 1645, une *Mort de Sénèque,* modèle d'attitude glorieuse d'un personnage d'exception.

55 Nom donné à l'école philosophique des Stoïciens, parce que leur chef Zénon de Cittium, enseignait sous un portique d'Athènes, la *Stoa Poikilé*, où il donna la réplique à Epicure.

56 Cleante d'Assos (Troade) fut le successeur dévoué de Zénon. Il prit la direction de l'Ecole en 262 et en resta le scolarque pendant trente ans. Il ramenait toutes les vertus à la force d'âme. L'intention rationnelle et religieuse qui est au cœur de sa pensée s'exprime dans son *Hymne à Zeus*.

57 Zénon de Cittium (332-262 avant J.-C.). Il assura le rapprochement de la théorie de la sagesse et de la physique. Avec lui, la morale stoïcienne est un essai de conciliation entre les thèses naturalistes de certains académiciens successeurs de Platon et la théorie cynique de la sagesse. Nous sont parvenus de lui quelque 330 fragments.

58 Diverses traditions se sont établies au sujet de la mort d'Orphée. On raconte, le plus souvent, qu'il fut tué par des femmes thraces qui le déchirèrent. Voir, au Musée d'Orsay, à Paris, un tableau de Gustave Moreau, *Jeune fille thrace portant la tête d'Orphée et sa lyre.*

59 L'iconographie s'est intéressée à l'enlèvement des Sabines par les Romains, dont la ville, nouvellement fondée, n'avait pas de femmes. Ce rapt a été représenté notamment par Luca Giordano (Dresde), Rubens (National Gallery), Poussin (Louvre).

Ailleurs les Hottomans et puis les Scanderbecqs[60],
Tous les grans Conquerans de l'un et l'autre Empire
Et pour le faire court, enfin on pouvoit dire
Que Caliste engendroit sans plaisirs ni douleurs
Vn Monde composé de toile et de couleurs:
Felice[61] s'appliquoit aux travaux de l'Eguille,
Les fruits accompagnez de leur fleur, de leur feuille,
Les Bouquets, les Festons piquez au naturel [15]
Meubloient superbement sa chambre et son hôtel;
Les œuvres de ses mains étaloint dans sa sale
Les guerres de Caesar, les combats de Pharsale[62]
Et de ce grand Heros les plus fameux explois
Estoint les ornemens qui couvroint ses parois:
On y voyoit icy dans une vaste plaine
Deux hommes disputer de la grandeur Romaine
Et l'on y decidoit de force ou de hazar
Quel en seroit le Maître ou Pompée ou Caezar;
Là l'on apparcevoit dans l'ordre des batailles
Le funeste[63] appareil de tant de funerailles
On remarquoit ailleurs pesle-mesle entassez
Les morts et les mourants, les sains et les blessez;
L'un randoit l'ame icy haché de coups d'Epée
L'Autre avoit de son corps une moitié coupée
Et mille autres percez de piques ou de dars [16]
Mouroint envelopez dedans leurs Etandars:
Deux pieces excelloint sur toute la tanture
Où l'Art même sembloit surmonter la Nature
(Tant la main de Felice et de ses trets sçavans
Avoit eu de pouvoir à surprendre les Sens)
L'une estoit le Portrait de la fatale Barque
Où le Prince d'Egypte[64] (Infidelle Monarque

---

60 Scanderberg, prince albanais (1414-1467), célèbre par ses victoires sur les armées ottomanes.

61 Celle dont l'activité est heureusement féconde. Inspirée de Lucain, la description de la tenture de Felice relève de l'*Ekphrasis*, chère aux poètes antiques, à l'Arioste, au Tasse, et triomphante en France, à la Renaissance, sous l'influence de l'*Anthologie grecque* et d'Anacréon.

62 La bataille de Pharsale fut gagnée par César sur Pompée (48 avant J.-C.).

63 Funèbre.

64 Ptolémée, frère de la célèbre Cléopâtre, n'avait que dix-sept ans lorsque, mal conseillé, il fit assassiner Pompée venu chercher, après Pharsale, un refuge en Egypte. Voir Lucain, *Pharsale*, VIII, 471-711. La "fatale barque" désigne l'embarcation où les satellites de

Monstre d'ingratitude[65] et de brutalité)
Violoit les devoirs de l'hospitalité,
Où le GRAND[66] fugitif abordant sur la gréve
Eprouvoit la fureur des traitres et du glaive,
Où la Mer effrayée à cet horrible cas
Sembloit rentrer en elle et füyr sur ses pas,
Où sur ses tristes bors on voyoit de Pompée
Le cadavre sanglant et la teste coupée[67]
Ayant pour tout couvert, pour cercueil precieux, [17]
L'Arene de la rive et la voute des Cieux.
L'autre representoit l'ambitieuse teste.
Presantée à Caesar[68] pour prix de sa conqueste,
Ce Prince transporté par ce funeste objet
Sembloit vouloir venger le mal qu'il avoit fait
Detester[69] le Destin, insulter sa Victoire,
Quereller[70] son bonheur, se plaindre de sa gloire
Et tous ses Partisans sembloient au fond du cœur
Tenir plus au vaincu que non pas au vainqueur:
Dans une grande Alcove on y voyoit encore
Les Amours de Cephale et celles de l'Aurore[71];
Sur un tapis de pied rehaussé de fil d'or
Les voyages d'Vlisse et les combats d'Hector;
Là se voyoint aussi representez en soye
L'Enlevement d'Heléne et le Siege de Troye[72];
La couche de Felice et ses fauteuils parez [18]
De Fleurs apprez Nature et de coissins[73] ambrez

Ptolémée firent descendre Pompée de la trirème de Séleucie, où il était avec sa femme Cornélie.

65 Lucain, *Pharsale*, VIII, 448 dit que le jeune Ptolémée portait un sceptre qu'il devait à Pompée.

66 Pompée était souvent désigné par son surnom *Magnus*, le Grand.

67 Selon Lucain, *Pharsale, VIII, 668-675,* c'est le cruel Septimius qui trancha horriblement la tête de Pompée.

68 Voir Lucain, *Pharsale,* IX, 1000-1108. Devant la tête de Pompée, couverte d'un voile de Pharos, César pleure et reproche à Ptolémée "un crime encore plus grave [envers lui] qu'envers Pompée".

69 Tenir pour exécrable.

70 Déplorer.

71 Céphale fut enlevé par l'Aurore, mariée à Tithon, mais amoureuse du jeune héros. Celui-ci abandonna bientôt la déesse, par amour fidèle pour son épouse Procris. Voir Ovide, *Métamorphoses*, VII, 661 sqq. Le texte porte: *de d'Aurore.*

72 L'enlèvement, de gré ou de force, de la belle Hélène, femme de Ménélas, par Pâris, fut à l'origine de la guerre de Troie, à laquelle participèrent Ulysse et Hector.

Les sens estoint épris, la veüe estoit ravie,
Tout sembloit animé de gestes et de vie;
On entandoit icy tonner un Commandant,
On y voyoit courir un Officier ardant[74],
Le bruit et le fracas de la Cavallerie
Sembloit sortir du fond de la tapisserie,
Dans ce bocage épez il vous eust semblé voir
Par l'haléne des vents les feüilles se mouvoir;
Là les Fleurs exhaloint une odeur Printaniere,
On voyoit de ce Ciel éclater la lumiere
Et Felice en un mot de l'Eguille et des doits
Donnoit le mouvement, la parolle et la voix:
Pour l'Art du Pronostique[75] et de l'Astrologie
Astrée[76] conservoit une amour infinie,
Aussi la voyoit on en des lieux decouvers [19]
Au mouvement des Cieux toûjours les yeux ouvers
Ayant en main la Sphere avecq le Tilescope[77]
Mesurant de sa veuë et la Zone[78] et le Trope[79]
Et tenant son regard incessamment colé
Sur les brillans endroits de ce Monde etoilé:
Son hôtel estoit plein de Globes, d'Astrolabes[80],
De Pupitres chargez d'Auteurs Grecqs[81] et d'Arabes[82],

---

73 *Coissin*. A cushion, also a pillow (*Cotgrave*).

74 Brûlant d'ardeur guerrière.

75 La prédiction.

76 Le nom de l'héroïne du roman d'Honoré d'Urfé convient très bien ici à cette nymphe qui tient toujours son regard "colé/sur les brillants endroits de ce monde etoilé". L'astronomie, partie de la "mathématique", était alors inséparable de l'astrologie. On croyait à l'influence que la conjonction des planètes exerçait sur les destinées des humains, mais les astres et les planètes étaient mus par Dieu. Dans la philosophie de Ficin (XVe siècle) l'astrologie peut rendre compte des lois secrètes du monde.

77 Le mot *télescope* apparaît, en 1611, à propos de la lentille de Galilée. L'invention du premier télescope à miroir, réellement exécuté, semble revenir à Newton (1671). Contemporaine, donc, de notre texte.

78 Partie de la sphère céleste déterminée par deux cercles parallèles.

79 Chacun des petits cercles de la sphère céleste dont les plans sont parallèles à ceux de l'équateur. Tropique.

80 Instruments utilisés autrefois pour observer la position des astres. Au XVIe et au XVIIe siècle, le mot désigne souvent une sorte de mappemonde (globe) sur laquelle sont décrits plusieurs cercles.

81 Voir A. Bouché-Leclercq, *L'astrologie grecque*, Paris, Leroux, 1899; réimpr. Bruxelles 1963. On peut songer ici au *Tetrabile* de Ptolémée, que Cardan avait commenté dès 1554, ou au *De astrologia* attribué à Lucien et traduit par Erasme.

Sa Sale se mouvant par d'infinis ressors
Montroit en plein midy tous les celestes corps,
Là sa voute d'Azur d'un tel art estoit faitte
Qu'on voyoit dans son Ciel rouler chaque Planette,
Chaque signe[83] y marquoit son mois et sa saizon
Le Soleil douze foix y changeoit de maison[84]
Et cet Astre qui fait les Eclers, les Tonerres,
Qui passe tant de Mers, qui parcourt tant de Terres,
Dans cette Sale, Iris, faisoit voir en un jour [20]
Ce qu'il fait en un an dans un si vaste tour:
Il en estoit ainsi comme sur le Theatre
Quand un Lointain[85] fait voir deux armées se batre
Vn autre qui le suit fait voir bien tôt apprez
Des jardins, des jets d'Eau, des cascades, des prez,
En suitte vous verrez qu'une autre Perspective
Vous montrera sur mer Medée fugitive[86]
Et puis une autre encore vous faira voir Iazon[87]
Allant sur son vaisseau conquerir la Toizon;
L'Adroit Ingenieur[88] sçait à de certains sines[89]
Ordonner la demarche à touttes les machines.
Le Theatre se change et la Scene se meut
Selon que le sujet et l'Histoire le veut.
De méme le Soleil changeant là de demeure
Faisoit changer les Cieux de forme et de figure;
Il donnoit à chaqun son propre mouvement [21]
A cetuicy plus vite, à cet autre plus lent:

---

82 Le commentaire du *Tetrabile* par Hali eben Rodan (mort en 608) avait été plusieurs fois édité depuis 1485. Sur l'astrologie arabe, voir les notes 80 et 83 de l'édition de Pontus de Tyard, *Mantice,* par Sylviane Bokdam, Genève, Droz, 1980). Sont mentionnés, notamment, Mash'allah (astrologue juif du VIIIe siècle), Albumazar (787-886), Zahel ben Bishr (astrologue juif du Xe siècle) Al Qabisi (Xe siècle).

83 Chacun des douze signes du Zodiaque.

84 Terme du vocabulaire de l'astrologie. Le système des maisons du ciel divise l'écliptique, et par conséquent le zodiaque, en douze compartiments, les douze "maisons", qui ont des caractéristiques particulières.

85 Partie éloignée du décor. Cf. v. 21 et v. 297: *Perspective*.

86 Après avoir, dans un accès de jalousie furieuse, tué ses propres enfants, Médée s'était enfuie à Athènes sur un char attelé de chevaux ailés, présent du Soleil, son aïeul. Voir, au Musée des Beaux-Arts de Lille, la *Médée furieuse* (1838) peinte par Eugène Delacroix.

87 Bien connue, l'expédition des Argonautes. Après avoir conquis la Toison d'or, Jason était revenu de Colchide et s'était marié à Médée.

88 Celui qui invente les projets et qui conduit les travaux.

89 Signes.

Il versoit aux humains sous le Ciel de Saturne[90]
Vne lumiere eteinte, une clarté nocturne
Et sous ceux de Venus, de Mars, de Jupiter,
La pureté du Jour avecq celle de l'Air;
Il changeoit d'influence et de temperature[91]
Autrement sous la Vierge[92], autrement sous l'Arcture[93],
Faisoit appercevoir par ses obliques tours
La mesure des nuits avecq celle des jours
Et toûjours se roulant dans la même étanduë,
Par le même intervalle et sur la même nuë,
Vous faisoit ressentir par ses retours divers
La douceur des Printemps et l'horreur des Hyvers:
Il estoit surprenant dans le Palais d'Astrée
D'y voir un Zodiaque[94] illustrer son entrée
D'une enorme grandeur porté par un Atlas[95] [22]
Ployant sous ce grand faix de la teste et des bras;
Six Astrologiens en diverses postures
Estoint au tour de luy tirant quelques figures
Et tous les sept jettez en fonte de metal
Travailloint soutenus sur même piédestal;
Sa grande Cour estoit enceinte de balustres
Où des Termes[96] marquoint les Siecles et les lustres
Et pour tout l'avenir par un Art sans pareil
Les Eclipses de Lune et celles du Soleil;
Dans tout son vaste hôtel et dans ses Galleries
On n'y remarquoit point d'autres tapisseries
Ny dans ses Cabinets pour tous ameublemens
Que des outils divers et des tas d'instrumens,
Des Globes, des Compas, des Spheres et des Cartes,
Des papiers etoilez, des celestes pancartes[97],

---

90 On connaît alors huit planètes principales qui sont, dans l'ordre des distances par rapport au Soleil: Mercure, Vénus, la Terre, Mars, Jupiter, Saturne, Uranus et Neptune. Pour Copernic (1543) il n'y avait que six planètes.

91 Les planètes agissent sur les destinées des hommes. Elles sont inégalement chauffées, selon la distance qui les sépare du Soleil.

92 La constellation de la Vierge est située presque sur l'équateur.

93 Etoile de première grandeur, de la constellation boréale du Bouvier.

94 Représentation monumentale de la zone circulaire des douze constellations.

95 Etre monstrueux qui avait participé à la lutte des Géants et des Dieux. Jupiter l'avait puni en le condamnant à soutenir sur ses épaules la voûte céleste.

96 Blocs de pierre en l'honneur du dieu latin protecteur des limites.

97 Documents figuratifs.

Et par tous les endroits on voyoit de pleins Sacqs
De Calandriers[98] moisis et de vieux Almanacqs. [23]
    Sophonisbe[99] de soins, d'Esprit, de fantaizie
Se laissoit posseder à l'Art de Poëzie,
Elle avoit son hôtel planté sur un coteau
Tout entouré de prez, de Bocages et d'Eau,
Le Myrte[100], l'Oranger, le Laurier et le Chesne
En couvroint le panchant jusqu'au fond de la plaine
Et la Nymphe voyoit du haut de son balcon
Le Parnasse[101] à ses piez, Hipocrene, Helicon[102];
Sa Cour du fondement jusqu'au bas des Corniches
Estoit, tant plein que vuide, enrichie de niches
Où l'on voyoit de suitte et par l'Ordre des temps
Les Poëtes fameux, en buste, sur les rangs.
    Le Dieu de l'Helicon[103] de toutte sa stature
Faisoit en marbre blanc la premiere figure,
Line[104], Orphée[105] à sa suitte et le Pere Ennius[106], [24]
Le Gobelet[107] en main se montroint à vos yeux;
Tous les Grecqs et Latins chaqun selon les âges,
François, Italiens, s'y trouvoint par étages
Et pour des Espagnols, du haut jusques au bas

---

98 Calandriers (Synérèse).

99 Le grec σοφος sage, habile, s'entend dans le nom de Sophonisbe porté au IIIe siècle avant J.-C. par la reine de Numidie, fille d'Asdrubal, et rendu célèbre, en France, au XVIIe siècle, par la tragédie de Mairet (1634), la "régulière" *Sophonisbe*, sujet déjà traité par Trissino dans la première tragédie italienne à l'antique (1515, éd. 1525) et repris, sans succès, par Pierre Corneille (1663).

100 Le myrte, symbole de l'amour, ne se justifie sur le coteau de l'insensible Sophonisbe qu'avec le Laurier, symbole de la gloire. Cf. Ronsard, *Sonnets pour Hélène*, II, XXXIX, v. 1.

101 Montagne de Phocide, séjour symbolique des poètes. C'est comme dieu de la musique et de la poésie qu'Apollon était représenté sur le Mont Parnasse, où il présidait aux jeux des muses.

102 Le cheval Pégase, se trouvant sur la montagne grecque de l'Hélicon, frappa le rocher de son sabot et en fit jaillir une source, l'Hippocrène (source du cheval). Autour de cette source, dont l'eau passait pour favoriser l'inspiration poétique, les muses se réunissaient pour danser et pour chanter.

103 Apollon.

104 Linos, héros légendaire à qui l'on attribuait l'invention des rythmes et de la mélodie. Il avait prétendu rivaliser, dans l'art de chanter, avec Apollon, qui, indigné, le tua.

105 La musique divine d'Orphée (dont une tradition voulait qu'il fût l'ancêtre d'Homère et de l'Ascréan Hésiode) avait les plus extraordinaires effets.

106 Ennius (239-169 av. J.-C.) fut le premier "législateur" de la haute poésie romaine. Son influence eut une large part dans la formation du classicisme romain. D'où le qualificatif *Pere*.

107 Coupe de l'inspiration poétique.

On n'en voyoit pas un que Lope de Vegas[108]
Tous paroissoint Portraits ainsi que la Nature
Les avoit faits de belle ou de laide figure:
Au milieu de la Cour, dans un vaste Rondeau,[109]
Vn Homere[110] elevé versoit des bouillons d'Eau;
Par la bouche, les yeux, le nez et les oreilles,
Des Poëtes sans nombre en puisoint des bouteilles
Et d'autres à plezir en remplissoint leur sein
Et bevoint à longs trets tout autour du Bassein;
A vint pas du Perron et sur une ample Baze
On admiroit posté le grand cheval Pegaze.
Et huit Muses au tour, dont chaqune sur soy [25]
Prenoit soin de pançer ce volant Palefroy;
En posture diverse on y voyoit ces Filles
L'Epoussette[111] à la main, la brosse et les etrilles,
Une à chaque coté le tenoit par le frein,
Les autres s'appliquoint à luy peigner le crein;
Il portoit Apollon sur le fort de ses aisles
Sa croupe soutenoit une des neuf Pucelles,[112]
Et ce fier animal enflé de ce fardeau
Sembloit battre des piez et ronfler du nazeau:
A voir ces beaux dehors on eust dit que sa chambre
Eust deu luire par tout d'Or et d'Azur et d'Ambre,
Mais non, vous eussiez veu dans son appartement
Pour meubles precieux des rimes seulement,
Des Poëtes d'Estucq[113], des Auteurs en Cirage[114]

---

108 (1562-1635). Distingué sans doute, ici, parce qu'il était l'auteur d'une pastorale, *La Arcadia*, publiée en 1598. Il fut surtout un auteur dramatique au fabuleux répertoire. Plus que tout autre, il donna au théâtre espagnol son caractère original. Rotrou s'était inspiré de lui, notamment dans ses *Occasions perdues* (1633-1635) et dans sa tragi-comédie, *Laure persécutée* (1637-1639). Pierre Corneille lui emprunta la *Suite du Menteur* (1643). L'influence de l'Espagne sur le XVIIe siècle fut considérable. Parmi les "Espagnols", Cantenac eût pu citer, aussi, Cervantès, Gongora, Alarçon, Alemán, Calderón, Rojas, Molina, Quevedo et le gentilhomme portugais Montemayor qui écrit sa *Diana* (1554?) quand il est au service du roi d'Espagne. Sans parler des grands écrivains spirituels du Siècle d'Or. Voir Losada Goya (José Manuel) *Bibliographie critique de la littérature espagnole en France au XVIIe siècle: Présence et influence*. A paraître à Genève, Droz, en 1999.

109 Bassin circulaire d'une fontaine.

110 Sur *Homère en France au XVIIe siècle*, voir N. Hepp. Paris, Klincksieck, 1968.

111 Morceau d'étoffe dont on frotte la robe des chevaux, après les avoir étrillés.

112 Muses.

113 Stuc.

114 Tableau peint en camaïeu de cire jaune.

Avecq leurs noms au bas, leur Pays et leur âge;
Les Lambris, les plafons, les parois, le pavé, [26]
Tout ce qu'on y voyoit de vers estoit gravé;
Sa Sale resembloit une fameuse Ecole
Ou l'Etude publicq d'un ancien Protocole[115],
Vous n'eussiez veu par tout que titres, que papiers,
Memoires, manuscrits, tablettes et cayers:
Ses œuvres paroissoint comme en une Boutique
Digerées de rang[116] par ordre Alphabetique;
En cét etage estoint, Poëmes, Madrigaux[117],
Icy c'estoit le rang des comiques travaux,
Celuy là contenoit plus de cinquante rames
De Stances, de Quatreins, d'Odes et d'Epigrames,
Les Bout-rimez[118], les Airs[119], avecq les Billets doux[120]
Estoint tous enfilez et pandus à des cloux;
Sophonisbe en tout temps révant sur quelque rime
Sembloit donner au vers son dernier coup de lime,
Chercher, rongeant ses doits et frapant son bureau, [27]
La pointe du Sonnet[121] ou le tour du Rondeau[122]:
Enfin (le creriez-vous) dans tout son Domestique[123]
On n'y conversoit point qu'en Langue Poëtique;
Du premier Officier jusqu'au dernier garçon

---

115 Souffleur; celui qui, au théâtre, aide un acteur à bien jouer son personnage. Dans les premières comédies italiennes représentées en France, sous le règne d'Henri III, Zany est le "sçavant protocolle" du libidineux Pantalon.
Ici, secrétaire qui tient les registres des noms des poètes et des titres de poésies.

116 Classées comme il se doit.

117 Petites pièces en vers fort à la mode à l'époque, notamment à l'Hôtel de Rambouillet. S'y exprimait une pensée fine, tendre ou galante. On trouve des madrigaux, des rondeaux, des sonnets dans le *Mercure dolant* de Cantenac.

118 Pièces composées sur des rimes données. On faisait des concours, jusque dans les Académies, sur ces "sonnets en blanc" que Dulot, poète bohème de Normandie, avait mis à la mode vers 1647. Voir le *Voyage de Falaise* de Le Noble (1682), qui donne un exemple de ces bout-rimés, nombreux dans le Ms. Conrart 5418, t. IX et X, de la Bibliothèque de l'Arsenal à Paris. Sarrasin n'aimait guère ce jeu de société. Il a composé un poème héroï-comique *Dulot vaincu ou La deffaite des bouts-rimés*, dont un recueil avait paru en 1649. Voir M. Magendie, *La politesse mondaine*, p. 435.

119 Petites pièces de poésie, propres à être chantées (*Dictionnaire* de *Trévoux*).

120 Messages brefs, chargés de sentiments d'amour.

121 Le trait final qui fuse et qui éclaire l'ensemble du sonnet. La querelle des sonnets, qui avait fait rage à la Cour et dans les cercles littéraires, avait eu des prolongements jusqu'en 1657.

122 Les reprises qu'il faut amener avec naturel dans les rondeaux, poèmes qui eurent une vogue extraordinaire du temps de Malleville et de Voiture.

123 Le personnel domestique de sa maison.

Tous y Poëtisoint, chaqun à sa façon,
Un valet, un laquay, n'eust pour auqune choze
Ozé rien demander ny rien répondre en Proze,
Les devoirs, les besoins, les services divers,
Tout se pançoit en rime et se disoit en vers:
Clodomire et Doris[124] excelloint en sculpture;
Clitie[125] s'occupait à la Miniature[126],
Filiante[127], d'Esprit, de genie et d'humeurs
Estoit toutte tournée à cultiver des Fleurs;
Dans le fort des Hyvers et des Estez de même
Sa teste fleurissoit d'un double Diademe
Sçachant l'Art de garder en Decembre et Juillet [28]
La Roze en sa frecheur, la Jonquille et l'Oeuillet:
Les autres se piquoint d'autres Manufactures[128],
L'une aymoit le broder, l'autre aymoit les graveures,
Cassandre[129] burinoit sur l'Yvoire et sur l'Or
Ainsi qu'eust fait jadis Architele ou Mentor[130];
Chaque Nymphe, en un mot, attantive à se plaire,
Faisoit d'un Employ libre un Employ necessaire
Et chaqune en son Art ravissoit les humains
Par les trets que l'Esprit faisoit faire à ses mains.

---

124 Dans la mythologie grecque, Doris, fille d'Océan et femme de Nérée, est la mère des Néréïdes. Doris est aussi le nom d'une bergère de l'*Astrée,* aimée de Palémon et d'Adraste.

125 La célèbre (Clytie). Après La Serre (*Clytie ou le Roman de la Cour* 1630) Pierre de Deimier avait publié en 1688 un roman: *Histoire des amours destinées de Lysimont et de Clytie*. Dans "Le Faucon, nouvelle tirée de Boccace" (*Contes et nouvelles en vers* de La Fontaine, 1671) c'est pour l'amour d'une Clitie que Fédéric s'est ruiné en vain. Nombreuses "Clitie", aussi, dans les pièces du Ms. Conrart. 5418, t. IX, de la Bibliothèque de l'Arsenal, à Paris.

126 Le portrait en petit et la miniature, dont, après Jean Foucquet, Jean Pérréal avait été le spécialiste au début du XVIe siècle.

127 Philianthe, qui aime les fleurs.

128 Travaux faits à la main.

129 Nom de la fille de Priam et d'Hécube, mais souvenir, plutôt, de la *Cassandre* (dix volumes 1642-1645) si largement lue, de La Calprenède.

130 *Mentor* est un fameux ciseleur grec de la première moitié du IVe siècle. On le trouve mentionné, notamment, dans l'*Historia naturalis* de Pline (livre XXXIII), dans le *Songe de Poliphile* de F. Colonna et dans la *Couronne Margaritique* de Lemaire de Belges. Architèle est moins connu. Ce nom se trouve dans Apollodore, II, 7, 6.2, où il désigne un personnage mythologique contemporain d'Hercule. Peut-être Architèle est-il l'auteur d'une statue de Vénus, mentionnée par Raoul-Rochette, *Lettre à M. Schorn,* P., 1845, p. 217.

CHANT III.

Dans cette Region, dans ces lieux pacifiques,
Loin des troubles d'Estat, des Guerres domestiques,
Où le calme du jour et celuy de la nuit
S'entresuivoint toûjours sans tumulte et sans bruit,
Où toûjours on goutoit en un estat tranquille [29]
Tout ce qu'a de douceurs une vie civille,
Où l'importun Tribut et l'avare playdeur
N'interrompoint jamais les soins du Laboureur,
Où les troupeaux repus couchez sur l'herbe fréche
Loin du son des tambours, des vapeurs de la méche[131],
Du fracas des canons, du bruit des pistolets
Sommeilloint mollement aux airs des flageolets[132];
Ces Nymphes dans ces lieux autant belles que fieres
Ces Maistresses des Arts, ces insignes Ouvrieres,[133]
Vivant dans leurs Hôtels en Souveraineté,
Parmy les Soupirans gardant leur gayeté,
Libres des loix d'Amour, libres des Hymenées,
Passoint heureusement leurs jours et leurs années:
En vain les Cupidons[134] sur elles mille foix
Avoint tiré leurs dars et vuidé leurs Carquois,
En vain armez de feux et de traits et de fleches [30]
S'estoint ils efforcez à faire quelques breches;
Par des dégouts amers, des superbes dedeins
Leurs traits estoint rompus, leurs feux estoint eteins;
Dans ces ames de fer et dans ces cœurs de glace
Les sentimens d'Amour n'eurent jamais de place,
Les retours de tandresse[135] en estoint tous exclus,
Les services, les soins[136] estoint tous superflus,
Elles estoint pour tous égallement crüelles
Aux Cœurs les plus soumis les leurs estoint rebelles;

---

131 Employée, alors, pour conserver le feu nécessaire à enflammer la charge des arquebuses ou des mousquets.

132 Petites flûtes au son clair et aigu.

133 Deux syllabes (synérèse).

134 Représentations d'Eros, qui se plaisent à porter le trouble dans les cœurs, en les enflammant de leurs torches ou en les blessant de leurs flèches.

135 Les manifestations de tendresse en réciprocité des déclarations d'amour des soupirants.

136 Prévenances amoureuses.

Leur injuste fierté faisoit gemir sans choix
Les ames des Bergers avecq celles des Roix;
Les Jeux et les Plezirs, ces enfans de Cythere[137],
Quelques sçavans qu'ils soint en l'amoureux mystere
Ne touvérent jamais auprez de ces Esprits
Que des rebuts crüels et de tristes mépris;
Enfin l'Unique objet de ces Beautez exquises [31]
Estoit de toûjours prendre et n'estre jamais prises,
Leurs communs vœux estoint de vivre sans pitié,
D'avoir des cœurs de Bronze aux traits de l'amitié[138],
D'en blaisser tous les jours et n'estre point blessées,
D'estre à l'abord de tous brusquement herissées,
De faire mille Amans sans faire un seul jaloux
De n'en recevoir point et de les avoir tous[139]:
Tyrsis[140] disoit à Stelle et Leandre à Clymene[141]:
Sujets de nos soupirs, Auteurs de nostre péne
Jusqu'à quand vostre oreille endurcie à nos pleurs
Voudra t'elle estre sourde au bruit de nos douleurs:
Jusqu'à quand voudrez-vous adorables Merveilles
Fermer à nostre voix vos cœurs et vos oreilles,
Quand sera ce qu'enfin sans estre rebutez
Nos vœux seront receus et nos cris ecoutez?
Deja tant de Printemps ont fait voir sur nos terres [32]
Les naissantes moissons et l'honneur des Parterres,

---

137 Ile grecque consacrée à Vénus et tenue pour la patrie allégorique des Amours.

138 Se dit de tout amour légitime, "honnête", par opposition au "fol amour".

139 Les fières "nymphes" de Cantenac sont plus d'insensibles et cruelles coquettes que des "précieuses". Dans leur comportement, celles-ci, en quête d'une qualité de vie respectueuse de la femme, prônent, certes, un amour difficile mais elles ne s'opposent, surtout, qu'aux mariages forcés.

140 Tircis est, comme Stelle, un personnage de l'*Astrée* où Stelle, veuve inconstante et capricieuse, finira par se lier au frivole Hylas. Tircis fait songer, aussi, au Tirsi de l'*Aminta* du Tasse, confident d'Aminta. Son nom apparaît dans "La plainte de Tirçis" de Saint-Amant, *Œuvres, seconde partie*, X, (1641) et déjà, dans les *Poésies nouvelles et autres œuvres galantes* de Cantenac (1662-1664).

141 Léandre, amant malheureux de la fable de *Héro et Léandre* (mise en vers par le poète grec Musée, reprise par Ovide et Virgile et traduite par Clément Marot) est, aussi, un personnage (épisodique) de l'*Astrée*. Père de Cryséïde. Souvenir, peut-être, du sonnet XVII de l'Arioste, dont s'inspire Du Bellay, *Olive*, sonnet LIX; ou de l'ode burlesque *Léandre et Hero*, de Scarron (1660).
Clymène, l'une des amoureuses de la *Franciade* de Ronsard, est, dans la comédie *Clymène* de La Fontaine, publiée en 1671, une belle provinciale aimée par Acanthe. Climène est, par ailleurs, le nom d'une jeune et coquette bergère dans les *Poésies nouvelles* de Cantenac et celui d'une femme infidèle, chantée par le président de Métivier.

Nous avons deja veu si souvent à Cerez[142]
Le visage jauni de l'Or de nos guerets,
Depuis qu'un feu secret s'est coulé dans nos vénes
Que nostre cœur gemit sous d'invisibles chaines
Et sourdes à nos cris sans avoir écouté
Vous insultez encor nostre captivité!
    Nous avons veu couler d'assez belles années,
Nous sentons redoubler le pas aux Destinées,
Nous avons prez de vous depuis nos premiers vœux
Veu rider nostre front et blanchir nos cheveux!
    Cependant on vous trouve insensibles Merveilles[143],
Avoir toûjours un mur qui deffend vos oreilles,
Toûjours closes aux tons de nos tristes accens,
Dedeignant nos soupirs, nos vœux et nos encens;
On vous trouve toûjours resembler à vous même [33]
On diroit que le Ciel par un decret supréme
Veut pour verser sur nous sa derniere rigueur
Que vous soyez de même et d'oreille et de cœur,
Que l'un et l'autre soint vos fidelles complices
Qu'ils nous fassent tous deux les mêmes injustices
Et que, se roidissant d'un effort concerté,
L'un et l'autre ayt pour nous la même dureté!
    Helas! où voyez-vous qu'auqune creature
Etouffe les conseils qu'inspire la Nature?
Montre t'Elle à vos yeux ni d'Esprit ni de corps
Qui ne prettent l'oreille à de tandres accors?
Chaqun en son instinct, chaqun en son espece
Se flechit doucement au bruit qui le caresse;
Les Plantes, les ruisseaux, l'Air et les Elemens
Ont cette simpatie[144] en tous leurs mouvemens,
Ils ont toujours leurs cœurs et leur oreille unie [34]
Aux gracieux Concerts d'une douce harmonie
Et montrent au dehors des signes evidens
Du genie secret qui les meut au dedans:
    Les Cedres orgueilleux, les Peupliers[145] et les Saules

---

142 Nom romain de la déesse grecque Déméter, divinité de la terre cultivée et surtout du blé ("or de nos guérets"). Voir vers 27.

143 A rapprocher de l'*adorables Merveilles* du vers 477.

144 Convenance du rapport d'humeurs et d'inclinations (*Dict. Acad.)*.

145 *Peupliers*. Deux syllabes (Synérèse).

Plient au bruit des vents leurs corps et leurs epaules
Leurs testes et leurs bras d'eux mêmes sont panchez
Et marquent de l'honneur d'en estre recherchez;
Les roseaux et les joncs qui bordent ce rivage
Sont sensibles aux tons d'un amoureux langage
Et dez qu'ils sont touchez des plaintes des Zephirs
Ils ont l'oreille ouverte au bruit de leurs soupirs,
Ils repondent tout bas à leurs secrets murmures
Leurs corps gresles pliez en plus de cent figures
Par leurs doux mouvemens et leurs divers contours
Forment des chifres d'herbe et font des laz d'amour[146];
Aussi voit on ces Eaux entandre leur priere [35]
Ils trouvent de l'accez prez de cette riviere
Elle écoute leurs tons, elle se ramolit
Et souffre ces Amans sur le bord de son lit;
Tout l'Univers concourt à donner audiance,
L'oreille fait le nœud de son intelligence,
La tempeste est sensible aux voix des Alcyons[147],
Les cavernes le sont à celles des Lyons
La Brute[148] en sa façon, le Triton[149], le Satyre[150]
Chante ou pleure à son gré sa joye ou son martyre.
Les antres resonnans et les Echos des bois
Randent sans heziter le retour à leur voix;
Ne sera t'il que vous dont l'oreille obstinée
A n'écouter jamais veuille estre destinée
Et pourrez-vous sans trouble et d'un sens bien rassis
Voir mourir à vos piez et Leandre et Tyrsis?
C'estoit se plaindre en vain, ces Nymphes estoint fermes [36]
Ainsi que des Rochers, des Statues, des Termes,
Et Tyrsis et Leandre avoint beau s'ecrier,
Ces Stoiques[151] Beautez ne pouvoint se plier,

---

146 On appelle *Lacs d'amour* des cordons passés l'un dans l'autre d'une certaine manière (*Dict. Acad.)*.

147 Oiseaux fabuleux, dont on pensait qu'ils faisaient leurs nids sur les flots et qu'ils couvaient aux environs du solstice d'hiver, période de calme continu.

148 Animal, bête. Dans l'*Aminta* du Tasse (I, 1), les tigres, les lions, les serpents et les ours sont mûs par un instinct amoureux, comme la tourterelle et le pigeon.

149 Personnification des flots qui fait partie du cortège de Poséidon. Il est souvent représenté en train de souffler dans un coquillage qui lui sert de trompe.

150 Symbole de bestialité. Un satyre intervient dans l'*Aminta*, qui s'en prend à Silvia, dont il est amoureux.

151 Insensibles.

Aux soupirs les plus chaux elles estoint plus froides
Plus leurs cris estoint forts, plus elles estoint roides[152]
Et de jetter des pleurs, des Larmes, des sanglots
C'estoit frapper les vents, c'estoit battre les flots:
    Leurs rigueurs cependant d'une façon meurtriere[153]
Avoint fait de ces bois un vaste cimetiere,
L'un expiroit icy de langueur desseché,
L'autre de desespoir bruloit sur un buché,
Par l'Effort de l'amour, d'Iphis[154] l'ame affolée
Sous un taz de gazon faisoit son Mausolée.
Icy gisoit Cleandre[155] et quelques pas apprez
Aminte[156] reposoit sous le tronc d'un Cyprez,
La-bas Philidamon[157], d'une affectée chute, [37]
S'estoit precipité du haut de cette bute.
L'on voyoit à tous pas sous de vieux monumens
Des squelettes hydeux et des secqs ossemens,
Sous les abimes crux de ce torrent rapide,
Lyzis[158] s'estoit noyé pour l'amour de Daphnide[159]
Et prez de ce valon sous un antre moussu
De trente illustres morts le fonds estoit bossu:
    Cleon[160] contre un vieux Chesne avecq son corps ethique

---

152 Violemment rebelles.

153 *Meurtriere*: deux syllabes (synérèse).

154 Iphis est le nom mythologique de l'amant malheureux d'Anaxarété, la jeune fille de Chypre changée en pierre par Aphrodite. Voir aussi Ovide, *Métamorphoses*, IX, 666 sqq, où un Iphis est fiancé à la blonde crétoise Ianthé.

155 Cléandre est, dans le *Mercure dolant* de Cantenac, l'amoureux qui courtise Iris.

156 Nom francisé d'un berger de l'*Aminta* du Tasse, épris d'amour malheureux pour Silvia.

157 Deux personnages portent le nom de Damon dans l'*Astrée*. L'un est un berger; l'autre, un chevalier d'Aquitaine. Leurs amours, à tous deux, sont partagées. Dans *Les Œuvres* de Saint-Amant (1629) une "Elegie pour Damon à Phylis" et une "Elegie à Damon". Damon est le nom sous lequel Mademoiselle de Scudéry dépeint, dans ses *Nouvelles conversations de morale*, le poète bordelais Elie de Bétoulaud, seigneur de Saint-Pauly. Faut-il voir dans Philidamon un nom composé Phili + Damon, qui est aussi le nom de Malleville dans le groupe des Illustres Bergers et qui figure dans la tragi-comédie *Damon et Pythias* (1657) de Chappuzeau?

158 Le nom peut remonter à l'antiquité. Cf. Platon, *Lysis*. Voir aussi, *L'Anti-Roman ou l'Histoire du berger Lysis* de Charles Sorel (1633-34), et les *Poésies* du Président de Métivier. Lysis et Damon sont les personnages du *Dialogue d'un courtisan et d'un dévot* dans les *Poésies nouvelles* de Cantenac.

159 Daphnide est, dans l'*Astrée*, le nom d'une dame arlésienne, maîtresse d'Alcidon et, pour un temps, du roi Euric.

160 Le nom masculin est d'origine grecque. Dans l'*Astrée*, Cléon est la maîtresse, morte lors d'une épidémie de peste, de Tircis, qui, désespéré, renonce longtemps à l'amour.

Y tenoit corps et Tronc percé d'un fer de Pique,
Sa teste sur son Cœur et ses longs bras pandans
Y faisoint le portrait de ses derniers tourmens
Et ses yeux entrouvers aussi bien que sa bouche
Sembloint se plaindre encor d'Izis[161] toûjours farouche;
Pour les dedeins d'Olimpe[162] et ceux d'Amarilis[163]
Treze sous un Rocher estoint ensevelis,
A peine sçauroit on tenir fidelle compte [38]
Des Amans immolez aux cruautez d'Oronte[164],
Des Damons[165], des Medors[166], des fameux Argenis[167]
De Myrtille[168] d'Hilaz[169] et d'autres infinis;
Aussi voit on souvent au fond de ces bois sombres
Des feux qui vont errans alantour de leurs ombres
Et des fidelles morts l'on oyt dans ces forets
Les funestes accens et les tristes regrets,
Chaqun d'eux ayme encore et chaqun y soupire
Chaqun en sa façon y conte son martyre
Et les Echos soigneux de redire leur sort
En font aux lieux voisins un exacte rapport:
    De ces voix de douleur, de ces humaines plaintes,
Les oreilles des Dieux enfin furent attaintes;

---

161 Souvenir de la divinité égyptienne, femme et sœur d'Osiris?

162 Nom d'une bergère légère de l'*Astrée*, qui séduit Lycidas.

163 Elle est la mère de Céladon. dans l'*Astrée*, mais le nom est fréquent dans les poèmes d'amour du XVIIe siècle.

164 Dans l'*Astrée* (IV, 10), ce n'est pas un nom de femme, mais celui d'un vieux chevalier, gouverneur de Céliodante. Masculin, aussi, l'Oronte du *Misanthrope*.

165 Voir la note du vers 561. Le Damon de l'"Elégie à Damon" de Saint-Amant souffre "le martyre d'Amour" pour une Orante, assimilée à une déesse. Mais malgré le rapprochement dans le texte des deux noms, la rime *compte/Oronte* interdit de lire *Orante*. Mauvaise lecture de Cantenac?

166 Médor, le Sarrasin à la chevelure blonde, est dans l'*Orlando furioso* de l'Arioste, l'amoureux de la belle Angélique, qui l'a sauvé du champ de bataille et guéri avec des plantes.

167 L'*Argenis* (1621), long roman satirique en latin de Jean Barclay, était aussi célèbre pour ses descriptions pastorales que pour ses allusions politiques. Nicolas Coëffeteau le résuma dans une *Histoire de Poliarque et Argenis* (1624). L'*Argenis* de Barclay eut une grande influence sur le développement du roman héroïque. Sur ce J. Barclay, également auteur d'un *Euphormion* (1605-1607), voir la notice biographique de Gabriel Beugnot en tête de *Jo. Barclaii Argenis nunc primum illustrata*, Leyde, 1659. Dans *L'Année galante* (seconde partie, p. 33), Argenis est présenté par Cantenac comme un "berger avantagé de talents infinis".

168 Dans le *Pastor fido* de Guarini, le berger Mirtilo aime la belle Amarillis, qui deviendra son épouse.

169 Faut-il ponctuer "De Myrtille, d'Hilaz"? Et retrouver ici l'Hylas de l'*Astrée*, en se souvenant de l'*Inconstance d'Hylas* (1635) d'André Mareschal?

Ces clameurs penetrant les regions de l'Air
Se firent à la fin entendre à Jupiter,
Son Cœur en est touché, son ame en est percée, [39]
Il ordonne soudain au Dieu du Caducée[170]
Que d'un pas diligent il parcoure les Cieux
Et que dans le Conclave il assemble les Dieux;
    Ce volant Postillon fend l'air à tire d'aisle,
Se porte en un instant où son ordre l'appelle
Et d'un ton de Heraut criant de toutes pars
Au Celeste Conseil cite les Dieux epars;
Il va tout emplumé des piez et de la teste[171]
Passe tout d'une haléne et d'une même trette
Les espaces des Cieux infiniment leger
Et range tous les Dieux aux piez de Jupiter;
Le Vautour affamé qui sur la chair se lance ,
Tout avide qu'il est, fait moins de diligence
Le Nocher[172] en fait moins sur le flot écumant
Le trait est plus tardif[173] et l'Ecler est plus lent.

---

170 Mercure, le "volant Postillon" des dieux.

171 Outre le caducée et le chapeau à larges bords, Mercure a pour attributs des sandales ailées.

172 Mot poétique pour désigner le pilote d'un navire, ou, simplement, un marin.

173 Moins rapide.

CHANT IV.

Au plus haut de l'Olimpe où le divin Conclave [40]
Reggle le sort des Roix, du Libre, de l'Esclave,
Où de tous les humains et du foible et du fort
Le bizarre Destin et de vie et de mort,
La grandeur des Estats, la chute des Provinces,
La durée des Loix, la fortune des Princes,
Tous les evenemens et de Guerre et de Paix
Se decident au gré des Celestes decrets;
Dans ce Cercle fatal par où les Destinées
Dans les tours et retours des temps et des années
Font sentir aux Mortels sur la Terre et les Mers
Tant de vicissitude et tant de cas divers;
Là, le grand Jupiter sur un Trône d'Yvoire
Environné des Dieux, de Lumiere et de Gloire
Toûjours tandre de cœur et fécond en amours [41]
Leur tint, en peu de mots, à peu prez ce discours:
SIRES DIEVX qui voyez par tous les bouts du Monde
Ce que font les humains sur la Terre et sur l'Onde,
Vous qui penetrez tout, à qui rien n'est caché
Des Crimes, des Vertus, du Vice et du peché,
Vous sçavez que la-bas en un coin de la Terre,
Sans que le glaive y regne ou le feu de la Guerre
Les hommes de tous rangs y sont violantez
Par les cruelles meurs d'un nombre de Beautez;
Que sans faire des gens ni choix ni defferance[174]
Ces cœurs denaturez, cette cruelle engeance,
D'une même rigueur rebute tous les jours
Le Prince et le Berger, la Bure[175] et le Velours;
Que des Nymphes des bois ou plus tôt des Tigresses
Ont endurci leurs Cœurs aux humaines tandresses
Et qu'on voit, dans ces lieux, des Amans immolez [42]
Les corps morts et mourans ensemble amoncelez.
Nous, estant des Mortels et les Roix et les Peres,
Ne devons pas souffrir ces Vertus sanguinaires
Ni que pour faire honneur à la Pudicité

---

174 Différence, distinction.

175 Etoffe grossière des habits des pauvres. Vers construit en chiasme.

On lache tous les frains à l'inhumanité;
Il faut autoriser les sentimens modestes[176]
Mais non pas soutenir des Constances funestes[177]
Lesquelles poussant tout jusqu'au dernier excez
Font de cette Vertu des crimes entassez;
L'Homme toujours de chair, cette masse mobile,
Ne doit pas se piquer de n'estre pas fragile,
Tous ses efforts sont vains à chercher le milieu
Entre l'Argile et l'Or, entre l'homme et le Dieu,
Il a beau s'Essorer[178], il faut qu'il se relâche[179]
Où son panchant l'attire où son instinct l'attache
Et de vouloir forcer ce mouvement secret [43]
C'est braver le destin par un zele indiscret[180].
De ce raisonnement sans doute il faut conclure
Que ces Nymphes ayant outragé la Nature
Et violé ses Loix par leurs vaines fiertez
Les Dieux sont justement contre elles irritez.
Je pouvois de mon chef contre ces inhumaines
Reggler des chastimens et decerner des pénes
Mais pour de bons motifs je veux en cas pareils
Entandre vos avis et prandre vos conseils,
J'ay voulu pour cela vous écouter ensemble
Apprandre sainement qu'est ce qui vous en semble
Et qu'apprez en avoir murement raisonné
On revere l'Arrest qüe j'en auray donné:
Junon, du Dieu tonnant et la Sœur et l'Epouze,
De ses amours sans cesse entestée et jalouze,
La premiere entre tous son advis etala; [44]
Et se prit d'un ton fier à debuter par là;
Depuis que les garçons, les Femmes et les Filles
Ont corrompu les mœurs des Celestes familles
Depuis que les Dieux même ont introduit entre eux
La peste des Amours[181], les Commerces honteux,
Deslors nous avons veu les Amitiez perdües
L'Adultere en credit, les races[182] confondües,

176 Mesurés, sans excès.
177 Qui conduisent à la mort, homicides. Voir vers 782.
178 Prendre son libre essor.
179 Evite toute tension.
180 Sans discernement.
181 Les amours pernicieuses.

De l'Olimpe on a veu tous les droits abbatus
Tous les vices regner sous l'habit des Vertus
On a veu prophaner par un Monde impudique
La Sainteté des Loix de cette Republique
Et renverser enfin par cent dereglemens
De l'Empire des Dieux les premiers fondemens:
De ce principe impur, de cette source immonde
Le venin s'est coulé jusque dans le bas Monde;
Les Hommes de ce temps à pene sont ils nez [45]
Que des sales Amours ils sont empoisonnez.
Tous les Cœurs sont souillez, les Ames debordées
Les vices couronnez, les Vertus degradées,
Point d'honneur, point de vœux, point de culte aux Autels,
Les Temples ne sont plus pour les Dieux immortels.
On n'y voit plus fumer Offrandes ni Victimes
Et depuis que le Monde est plongé dans ces crimes
Vous le sçavez, helas, les Hommes ont donné
Moins d'Encens à Junon que non pas à Phryné[183]:
Apprez cela, grans Dieux, que reste t'il à faire?
Faudra t'il estimer la Nymphe temeraire
Qui meprisant le Fruit a conservé la Fleur
Et consacré ses jours au Temple de l'honneur?
Faudra t'il condemner sur une humaine plainte
Une vie si pure, une Vertu si Sainte?
Non jamais le bon sens n'y sçauroit consentir; [46]
Junon, toûjours Junon ne peut se dementir;
Que l'Amour soit l'Idole et des Dieux et des Hommes;
Que nous ne soyons plus rien de ce que nous sommes
Que tout soit perverti, que tout soit depravé
Que mon Trône et mon nom soint mis sur le pavé;
Junon de même Esprit et dans les mêmes veuës,
Detestera toûjours les Beautez dissoluës
Et discernant l'honneste et l'impur et le beau
Faira le juste choix du Cygne et du Corbeau[184]:

---

182 Lignages.

183 La célèbre courtisane grecque, maîtresse de Praxitèle. Sa beauté était désarmante. C'est d'après elle qu'Apelle esquissa son *Aphrodite anadyomène*. Même dépit jaloux de Vénus envers Psyché dans les *Métamorphoses* d'Apulée, livres 4 à 6. Les cultes qui lui étaient réservés sont, se plaint-elle, maintenant destinés à une mortelle.

184 Opposition traditionnelle. Cf. dans la traduction en vers (par D. T.) de l'*Aminta* du Tasse (Paris, G. Guénet, 1666): "Et voit-on que d'un Cygne on en fasse un Corbeau?"

Ces Nymphes qu'on pretand tretter en criminelles,
Ces victimes d'honneur autant prudes[185] que belles
Seront par mon avis dans leurs champetres lieux
Mises dorenavant au rang des Demy-Dieux,
On leur defferera mêmes droits, mêmes grades,
Qu'ont les Faunes[186], les Pans[187] et les Hamadryades[188],
Leurs Ames de lumiere et leurs pudiques corps [47]
Ne passeront jamais dans l'Empire des morts,
Elles vivront toûjours et sans estre sujettes
Au funeste cizeau des Parques[189] indiscrettes
Pour avoir joint l'honneur avecque la beauté
Elles auront le prix de l'immortalité:
Comme elle finissoit, Venus toûjours doucette[190],
Salüant tous les Dieux d'un petit tour de teste
Et dans ce mouvement consiliant[191] leurs vœux
Par le filtre secret d'un souris amoureux
D'une voix affectée entre galante et fiere
Se tournant vers Junon parle en cette maniere:
Souveraine Grandeur, Patronne de ces lieux,
Adorable sujet des hommes et des Dieux,
Invincible garant des Vertus offancées,
J'adhere avecq respect à toutes vos pancées,
Vos justes sentimens, vos avis nompareils [48]
Sont des decisions et non pas des conseils,
Ceux que vous debitez dans ce sacré Conclave
Et ce qu'ils ont de saint, de sincere et de grave[192]
Fairoint que vos raisons auroint toûjours sur moy
La vertu d'un Decret, la force d'une Loy:
Mais les hommes souffrans, la Nature oppressée

---

185 Sages et modestes.

186 Petits dieux bienveillants, crées à l'image de Pan, protecteur des troupeaux.

187 Divinités des pâturages et des bois.

188 Nymphes de bois.

189 A Rome, divinités du destin, maîtresses du temps. Elles sont, comme les Moires grecques, trois sœurs, l'une présidant à la naissance, l'autre au mariage, la troisième, Atropos, à la mort, (elle coupe avec des ciseaux le fil de la vie). Le peintre de "la bella maniera" Francesco Salviati (1509-1563) les a représentées en vieilles femmes: renversement caricatural par rapport à l'image gracieuse des Parques en jeunes filles. Le tableau est conservé à Florence (Galleria Palatina di Palazzo Pitti).

190 Qui affecte la douceur.

191 Voulant concilier.

192 De nature à peser dans la décision à prendre.

(Dit-elle ayant sur tous sa veüe repassée)
Dans ces dereglemens, dans ces cruels fracas,
S'Ecrie vers le Ciel qu'on luy tande les bras.
Helas! cette Nature et Sage et Providente[193]
Donne à tous les humains une certene pante
Qui les pousse, les meut, les fait evertüer
A chercher les moyens de se perpetuer;
Que ne fait elle pas en faveur de l'Espece!
Cet instinct naturel et ce fond de tandresse
Ce panchant à l'amour, cette source d'Esprits [49]
Cét invisible attrait par où les Cœurs sont pris,
Cét Air je ne sçay quel, cette secrette amorce[194],
De ces ressors cachez l'imperceptible force,
Ne sont ce pas, grans Dieux, les fidelles témoins
De ses justes desseins, les preuves de ses soins?
N'est ce pas sur ce plan qu'elle est toutte batie
Qu'elle serre les corps du nœud de simpathie[195]
Et que s'entraymant tous par de secrets concers[196]
Ils font tout ce qu'on voit de beau dans l'Univers?
    Le Soleil est toûjours l'Amant de la Lumiere
L'Esprit ayme le corps; la Forme, la Matiere;
La Terre ayme les fleurs, la Mer ayme le Vent,
La Paille ayme son Ambre[197] et le Fer son Aymant[198];
Le Ruisseau tient toûjours à l'amour de sa sourçe
Et revient l'embrasser au retour de sa course,
Le Point ayme la Ligne et la Ligne le Point, [50]
Ils sont toûjours unis et ne se quittent point;
Tout ce qui nous paroit porte le Caractere[199]
D'un doux enchenement, d'une amour necessaire,
Il n'est dans l'Univers que ces Nymphes des bois

---

193 Agissant selon la suprême intelligence par laquelle la divinité conduit toutes choses.

194 Ce qui attire la volonté.

195 Voir vers 512.

196 Concordances de sentiments.

197 L'ambre jaune passait pour attirer la paille, les feuillages et, aussi, d'après Pline (*Hist. Nat.* XXXVII, 3) des corps légers métalliques. Voir Rémi Belleau, *Les amours et nouveaux eschanges des pierres précieuses*, XX, v. 25-28 (éd. M. F. Verdier, Genève, Droz, 1973, p. 214).

198 Cf. dans *L'Année Galante* de Cantenac, seconde partie, p. 62: "Le Fer et l'Aymant... sont des corps naturellement séparés, mais l'Amour les approche et les unit par l'attrait de la Sympathie qui les assemble".

199 La marque.

Qui veulent reformer[200] la Nature et ses Lois,
Vous diriez à les voir, ces belles obstinées,
Qu'à depeupler le Monde elles sont destinées
Et que le genre humain doit tout estre abbatu
Sous les piez insolens de leur fiere vertu;
Au beau sexe, sans doute, il faut la retenüe
Mais c'est celle qui plait, non pas celle qui tüe,
La tendresse, l'honneur, l'amour, l'honnetteté[201]
Ne s'accompagnent point de l'inhumanité[202],
Les Vertus sont de prix quand elles sont solides
On ayme la Pudeur, on hayt les Homicides
Et les plus chastes mains perdent leur plus beau blancq, [51]
Dez que la cruauté les a teintes de Sang;
Voyez combien de jours et de nuits sont passées
Depuis que ces Beautez constamment caressées[203]
Refusent jour et nuit mais avecque rigueur
D'ouvrir à leurs Amans et l'Oreille et le Cœur!
Combien de soupirans dans un estat extreme
Aymant avecq respect sans ozer dire j'ayme,
Poussez de desespoir en adorant leurs fers
Ont ils perdu le jour par tant de cas divers[204]!
La Forest retantit de mille ames plaintives
Qui semblent sous ce joug estre encore captives;
Les Sylvains[205] attandris en ont de la douleur.
Le vert gay[206] de ces bois en change de couleur
Et le Ruisseau fuyant pour n'estre pas Complice
Cherche où cacher ses Eaux sous quelque precipice.
Mais voyez (qui pis est) pour n'avoir pas aymé [52]
Combien d'Hommes au Monde elles ont supprimé!
Combien de Capitans[207] et d'ames Heroiques,
Combien de Citoyens aux grandes Republiques,
De Guerriers à Bellonne[208]; au Parnasse d'Auteurs,

200 Donner une meilleure forme.
201 Pudeur bienséante.
202 Manque de sensibilité pour les souffrances d'autrui.
203 Entourées de marques extérieures d'affection.
204 Circonstances.
205 Génies des forêts.
206 "On appelle *verd naissant* cette couleur vive qui paroît aux feuilles des arbres au printemps." On l'appelle aussi *vert gay* et *vert d'émeraude*. (*Dict. Furetière*).
207 Capitaines.
208 Divinité de la guerre.

Aux Princes de Sujets, aux Dieux d'Adorateurs!
Tant de pertes pour tous et tant de prejudices
Sans doute exigeroint de funestes supplices,
Pour n'avoir voulu prandre Epoux ni Favoris
Il faudroit les livrer au feu de Phalaris[209];
Il faudroit établir quelques nouvelles pénes
Des supplices nouveaux et de nouvelles gennes;
Mais par les mouvemens d'un avis plus bénin
Je veux sauver la fleur et punir le venin;
Je veux q'un feu secret dans leurs vénes s'allume
Qui, sans faire mourir, les séche et les consume
Et passant jusqu'au fond des moiles et des os, [53]
Sans leur oster le jour, leur oste le repos;
Que, sans sentir le coup d'une pene[210] impréveue,
Un amoureux poizon dans leur sang s'insinuë,
Qu'Elles ayment sans fin par un juste retour
Et souffrent les dedeins et les tourmens d'amour;
Que toujours elles soint de ces feux enflamées,
Aymant tous les objets[211] sans jamais estre aymées
Et que leurs cœurs soumis percez des mêmes traits
Leur fassent expier les maux qu'elles ont faitz:
Elle n'eust pas fini que le Dieu de la Guerre[212]
D'un front audacieux, d'une voix de Tonnerre,
Estant de Cytherée un des meilleurs amis
Par ses mêmes raisons se range à son avis;
Ouy (dit-il) il est vray, ces insignes meurtrieres[213],
Ces Beautez sans amour, ces Nymphes singulieres[214]
Ont causé plus de morts dans le champ Cyprien[215] [54]
Que n'a fait sur le Rhin[216] le glaive Austrichien,

---

209 Tyran d'Agrigente (VIe siècle avant J.-C.) célèbre par sa cruauté. Il faisait cuire des victimes dans un taureau de bronze construit par le sculpteur Perilaos.

210 Châtiment (sens habituel du mot dans le poème), à moins qu'il ne faille lire *penne*, la plume, la flèche, comme me le suggère le professeur Keith Cameron, que je remercie.

211 Le mot appartient à l'usage galant. "Se dit aussi poétiquement des belles personnes qui donnent de l'amour" (*Dict. Furetière*).

212 Mars. Les amours de Mars et de Vénus ont été chantées par Lucrèce, *De natura rerum*, I, 31-37.

213 *Meurtrières,* deux syllabes (Synérèse).

214 Au comportement particulier, surprenant.

215 De l'amour. Sortie de la mer, Vénus/Aphrodite avait été portée par les Zéphirs d'abord à Cythère, puis jusqu'à la côte de Chypre, d'où son surnom de Cyprienne.

Leurs dedeins ont tüé d'une seule Campagne
Plus d'Hommes que n'ont fait les Trouppes d'Alemagne
Et les Sabres tranchans de ces braves Germains
A menager le Sang ont esté plus humains,
Toujours clos et serrez par d'honnettes manieres
Ils se sont exploitez[217] à garder leurs Banieres
Au lieu que ces Beautez sans Sabres et sans Dars
Ont fait perir un Monde au feu de leurs regars.
Ces grands Hommes du Nort, ces Guerriers si celebres,
Ennemis du carnage et des exploits funebres,
Sans faire les hargneux ont il[s] pas la bonté
De tretter les François avecq honnetteté[218]?
Dez qu'ils peuvent prevoir qu'ils se font quelque affaire[219]
Et qu'ils s'exposent trop au feu de leur colere
Ils ranguénent[220] tout court et dans peu de momens [55]
Ils battent en retrette en sages Allemans;
Mais ces fieres Beautez n'en uzent pas de même,
Armées de rigueur, crüelles à l'extreme,
Par d'infinis trepas croyant se signaler
Ne veulent en amour jamais capituler,
Toujours dans leurs hauteurs se tenant retranchées
Elles font des humains de funestes jonchées
Et des restes piteux[221] des Amans trepassez
En couvrent le Terrein et comblent les fossez.
Ces Nymphes cepandant faisant les filles fortes
Sont dans la Republique autant de Places-mortes[222],
Leurs Hôtels Populeux pleins de munitions
Consument tous les jours dix mille rations,

---

216 Référence aux campagnes du Rhin et d'Alsace dans la conjoncture de la guerre de Hollande devenue européenne. Le passage du Rhin, du 12 juin de l'année-tournant 1672, avait été célébré par les grands écrivains de l'époque (Racine, Boileau, Bossuet...) et par de nombreux artistes (Le Brun, Joseph Parrocel, Antoine-François Van der Meulen). Il fut fixé par les frères Anguier dans la pierre de l'Arc de Triomphe de la Porte Saint-Martin, à Paris. Voir Volker Schröder, "Racine et l'éloge de la guerre de Hollande: de la campagne de Louis XIV au dessein de *Mithridate*". *XVIIe siècle*, janv.-mars, 1998, pp. 113-136.

217 Signalés par leur courage à défendre leurs drapeaux.

218 Civilité.

219 Qu'ils se trouvent dans quelque situation difficile.

220 Rengainent, remettent leur épée au fourreau. Les troupes ennemies avaient, effectivement, battu en retraite et de nombreuses villes s'étaient rendues: Arnhem, Deventer, Doesberg...

221 Pitoyables.

222 Garnisons sans activité utile à l'Etat.

Mais avecque cela ces bouches inutilles
Ces Troncs infructüeux, ces Plantes infertilles,
Ouvrieres sans Ouvriers[223], n'engendrent que des doits[224] [56]
Des Peuples en Peinture et des hommes de bois,
Passant sur un Sonnet les nuits toutes entieres
Ces flambeaux sans lüeur, ces Astres sans lumieres,
Ces Nymphes, en un mot, sans Epoux, sans Galans
Ne sont dans un Estat que des Passevolans[225]:
Il vouloit plus avant proner sur ce Chapitre
Mais un noir tourbillon de fumée et de Nitre
Elevé tout à coup vers la porte des Cieux,
Poussé d'un air püant, vient infecter les Dieux;
Chaqun tourne la teste et chaqun s'envisage
Ils ne sçavent d'où sort un si vilain nüage;
On diroit à les voir qu'ils sont empoisonnez
Etouppant du mouchoir leurs bouches et leurs nez;
C'est ainsi que du fond des marez Meotides[226]
La broüée[227] s'eleve et les brouillars humides
Qui, de leur voile epez, envelopant le jour [57]
Le derobent aux yeux des Peuples d'alentour,
C'est ainsi que du Styx[228] la vapeur infernalle
Sur ses Funestes bors s'evapore et s'exhale
Et Vesuve[229] de même, allumé quelque foix,
Vomit des feux püans de Bitume et de Poix:
On estoit sur le point de rompre l'assemblée,
Les Dieux estoint levez, la scéance troublée[230],
Quand Phœbus[231] irrité, s'approchant de plus prez
Et redoublant d'effort la pointe de ses raiz,
Dissipe en un instant l'epaisseur du Nüage,

---

223 *Ouvrières/Ouvriers*. Synérèse.

224 Leurs seules créations de femmes sans hommes, qui n'enfantent donc pas, sont celles de leurs mains d'artistes.

225 Soldats d'occasion qui, pour que fût artificiellement gonflée la composition chiffrée des régiments, n'apparaissent qu'au temps des montres et des revues.

226 Le scythique *palus Maeotis* (mer d'Azov). Voir Virgile, *Enéide*, VI, 799.

227 Bruine.

228 L'un des fleuves des Enfers.

229 Volcan d'Italie dont la silhouette domine le golfe de Naples. Ses éruptions ont retenu l'attention des peintres, de Volaire à Granet. Voir, au Musée des Beaux-Arts de Lille, une peinture à l'huile sur bois de J. B. Génillon, *Le Vésuve* (2e moitié du XVIIIe siècle).

230 Les dieux quittaient en désordre les places où ils étaient assis.

231 Phoebus/Apollon, le Brillant, dieu du soleil.

Decouvre un Dieu tout nud, difforme de visage,
Laid, Boiteux, mal-batti; plus noir que les charbons,
Enfin on voit que c'est le Dieu des Forgerons[232],
Il venoit tout fumant du travail de la Forge
Ayant un haillon noir alentour de sa Gorge
Et tout couvert encor de süye et de sueur [58]
Marchoit environné de cette puanteur:
Momus[233], donnant toûjours dans la plezanterie,
Helas! dit il, Grans Dieux, ordonnez, je vous prie,
Que le püant Vulcain au Celeste lambris
Fasse un trou bien grillé par où tous ces Esprits,
Cette odeur de l'Enfer, cette vapeur damnée,
Comme par le tuyeau d'une ample cheminée,
Quand on tiendra Conseil, se puisse evaporer
Et qu'il nous laisse enfin la liberté de l'air!
Pourquoy faut-il, Grans Dieux, que ce Vilain empeste
De ses parfums impurs toutte la Cour Celeste?
Pour-tant ce Souverain des forges et des feux
Sans se montrer troublé, sans paroitre confus,
C'est pour Vulcain (dit-il) que la Cause premiere
Semble avoir preparé cette belle matiere,
Vous le sçavez, Grans Dieux, mes penibles travaux [59]
Ne sçauroint desormez fournir vos arceneaux;
Que je forge sans cesse et que je me consume
A battre jour et nuit et le fer et l'enclume
Je ne sçaurois enfin remplacer de deux ans
Les foudres seulement qu'ont couté les Titans[234];
Cepandant on me donne (est ce pas une honte?)
Pour tous mes forgerons, Sterop, Pyracme et Bronte[235]

232 Vulcain. Jan Brueghel I avait, sur cuivre, représenté, en 1606, la Forge de Vulcain (actuellement Collection particulière).

233 Momus, le railleur, apparaît, dans la *Théogonie* d'Hésiode, comme un dieu mineur, fils de la Nuit. Lucien l'introduit dans plusieurs de ses dialogues comme un petit dieu dont la sarcastique franchise n'épargne personne, même pas Jupiter. On le retrouve chez Léon-Battista Alberti (*Momus ou le Prince*) et chez Erasme (*Adages*, I, 74; *Eloge de la Folie*, chapitre XV). Le maniérisme reproduit, aussi, l'histoire de Jupiter et de Momus, le mime.

234 Divinités primitives qui disputèrent aux Olympiens la souveraineté du monde. Vaincus, ils furent foudroyés par Jupiter et précipités au fond des abîmes de la terre. Leur lutte est contée par Hésiode, *Théogonie,* 666-731.

235 Souvenir de l'*Enéide* VIII, 424-425:
"Ferrum exercebant vasto Cyclopes in antro,
Brontesque, Steropesque et nudus membra Pyracmon."

Et, pour tant de travaux de l'haléne et des bras,
Vint Cyclopes comme eux ne me suffiroint pas;
Je fatigue sans fin süant sur la besogne,
J'ahane incessament, je bats, rebats et coigne
Et mes derniers effors, mes veilles et mes soins
Ne sçauroint pas fournir au tiers de vos besoins:
Mais, voycy tout à point un cas qui se presante
Favorable à mes vœux, propice à mon attante;
Ces Beautez sans amour, ces ames sans pitié, [60]
Ces Grans contretenans[236] de la belle Amitié,
Ces severes Censeurs des œuvres de Nature,
Ces Ennemis jurez de la race future,
Ont Elles pas des bras, des mains et le corps bon
Pour battre sur l'Enclume et souffler le charbon?
Pourquoy ces esprits forts, ces Nymphes Misantropes
Ne fairont elles pas ce que font les Cyclopes?
Fairoint elles jamais quelque chose de mieux
Que d'employer leur force au service des Dieux?
Ce n'est pas les punir mais c'est leur rendre office[237]
C'est pour Elles un bien et non pas un supplice
Et forgeant des carreaux[238] qu'Elles ont merité
Elles profiteront de leur temerité:
Je suis d'avis enfin que ces Nymphes si fieres
Qui de tant d'innocens ont rempli tant de bieres
Et qui toûjours de glace ont meprisé les feux [61]
De tant de Soupirans, de tant de Langoureux,
Soint, pour avoir bravé des flammes si fidelles,
Sujettes comme nous à des flammes nouvelles,
A soufler les braziers, allumer les fourneaux
A faire résonner l'Enclume et les Marteaux;
Elles sçauront par là ce que peut une flame
Qui d'un beau feu secret consume une belle ame,
Et des feux de la Forge avecq ceux de leurs yeux

Dans ce dernier vers, composé de mots grecs et construit très librement, apparaissent les noms sonores de Cyclopes bien connus: *Brontes* (le tonnant) *Steropes* (l'éclair): les "febvres de Vulcain", comme dit Ronsard, qui sont des fils de Titée, l'épouse d'Ouranos. *Pyracmon* n'est cité, semble-t-il, que par Virgile.

236 Qui résistent à.

237 Service.

238 Grosses flèches carrées lancées par une arbalète ou par une machine. Par comparaison, les dards que lance le foudre de Jupiter.

Elles repareront les hommes et les Dieux;
C'estoit bien raisonné, mais il avoit beau dire
Momus lachoit toûjours quelques eclats de rire
Et Jupin d'un coup d'œil enfin l'appercevant
Il alla se musser[239] derriere un Paravant
Quelques Dieux autrement voulant prandre la chose
Entroint dans le party de la Metamorphoze,
Soutenant fortement que ces cœurs assazins [62]
Devoint estre logez dans les corps des Sapins[240]
Et ces dures Beautez pour tous denaturées
Sous une dure ecorce estre defigurées;
Que leurs bras étandus seroint de tous cotez
Sans pouvoir se ployer des vents sollicitez[241],
Dans le vague de l'Air leurs orgueilleuse testes
Seroint incessamment battuës des tempestes
Et le temps les ayans sechées sur le pié
En fairoit le joüet du fer et de l'acié;
Quelques autres vouloint sous d'Eterneles chaines
Faire toûjours gemir ces Beautez inhumaines
Et d'autres à la Mort les condemnant tout net
Sans faire de discours opinoint du bonnet.

---

239 Se cacher. Le mot est déjà vieux au XVIIe siècle.

240 Dans "La Métamorphose de Lyrian et de Silvie" de Saint-Amant (*Œuvres*, 1629, VIII), Sylvie, "la fiere Nymphe qui fait trophée/D'un naturel sans amitié", est changée en ormeau.

241 Sous la soufflante violence des vents.

CHANT V.

C'est ainsi qu'aux dedeins ces Nymphes ahurtées[242] [63]
Dans ce sacré Conseil se trouvoint balotées[243],
Chaqun selon sa veuë et suivant son instin
Estoit ou pour ou contre, ou severe ou benin;
Mais le Pere des Dieux dont les avis sinceres[244]
Penetrent dans le fond des plus secrets mysteres,
Qui, joignant la Clemence à la severité,
Balance ses decrets au pois de l'Equité,
D'un ton majestüeux, d'une voix grave et forte
Ayant toussé trois foix leur parla de la sorte:
Grans Dieux qui des Mortels faites les Destinées
Au gré de vos desirs dures ou fortunées[245],
Qui Gouvernez sous moy d'un droit imperieux
La police du Monde avecq celle des cieux,
Vous qui determinez par vos conseils augustes [64]
La péne aux Scelerats, la recompance aux Justes
Et qui faites reluire en tous vos sentimens
l'Esprit de la raison et l'ame du bon sens;
Sçachez qu'il ne faut pas, estant ce que nous somme[s],
Punir crüellement tous les crimes des hommes,
Que si j'avois toûjours les foudres à la main
J'epuiserois bien tôt les Forges de Vulcain,
Qu'il est de ma grandeur, de mon pouvoir supréme,
De ne porter jamais les pénes à l'Extréme
Et que le genre humain couvert d'iniquité
Doit encore sentir les traits de ma bonté:
J'entre dans vôtre sens[246], ces Nymphes, je l'avouë
Seroint dignes du feu, du fer et de la rouë,
Tant de sang genereux[247] répandu sans pitié
Tant de Heros perdus par faute d'amitié
De tant d'insignes morts les cendres innocentes [65]
Crient incessamment contre ces arrogantes

242 Obstinées.

243 Soumises aux jugements et aux votes des dieux.

244 Sans artifice.

245 Favorisées.

246 Sentiment, façon de voir.

247 D'hommes magnanimes.

Et leur voix s'Elevant du fond de leurs Tombeaux
Sollicite mon bras à lancer des carreaux;
Mais, pour de grans motifs, ainsi qu'un commun Pere
Dont le cœur n'est jamais allumé de colere,
Puis que pour expier les maux faits dans ces Bois
Elles doivent mourir par les Çelestes Loix,
J'en feray pour punir et pardonner leurs crimes
Des Genies heureux[248] et des tristes Victimes:
    Je veux que leurs esprits dépris de leurs liens
Joüyssent du bonheur des Champs Eliziens,
Q'un eternel Printemps, un eternel Autone
Leurs verse les tresors de Flore et de Pomone[249]
Et que l'Astre du jour en changeant de Maisons[250]
Leur ramene toûjours les plus belles Saizons.
Je veux qu'en ces lieux là leurs ames endurcies [66]
Disputent des fiertez avecque les Porcies[251]
Et goutant les plezirs qu'Elles eurent jadis
Qu'elles tiennent rigueur à tous les Amadis[252]:
    Mais, leurs Corps, en perdant leur Nature et leur Forme,
Seront changez en Fleurs d'une figure enorme[253],
Leur teste et leurs cheveux arrondis sur les bords
Passeront en grosseur tout le reste du corps,
Ce Corps ne sera rien q'une plante menuë,
Mince comme un filet, de petitte etanduë,
De taille raz de terre, exposée aux frimats
Et sujette aux rigueurs de la nege et du glaz[254];
Pour avoir rebutté les douces amourettes,
Ecouté froidement les Jeux et les Fleurettes[255],

---

248 Etres immanents à un individu, à un lieu (cf. *en ces lieux là*, v. 1019)

249 *Flore*, puissance qui préside à tout ce qui fleurit. *Pomone*, nymphe qui veille sur les fruits.

250 Divisions du ciel.

251 Porcia était la fille de Caton d'Utique. Elle se tua en apprenant le suicide de son mari, Brutus, après la bataille de Philippes, (42 av. J.-C.). Elle était stoïcienne, comme son père et son mari. D'où le mot *fiertés*, manifestations d'insensibilité.

252 Amadis de Gaule est le héros, courageux et constant, d'un roman de chevalerie, dont le texte original, en espagnol, parut, en 1508, à Saragosse. L'ouvrage fut traduit en français par Herberay des Essarts (1590) et son succès, favorisé par un groupe dynamique de libraires, habiles à flatter les goûts d'un public saturé des vieux romans de chevalerie, persista longtemps en dépit des controverses. Voir Michel Simonin "La disgrâce d'Amadis". *Studi francesi*, n° 82, janv.-avril 1984, pp. 1-35.

253 Irrégulière.

254 Verglas.

255 "Cageoleries que l'on dit à une femme" (*Dict. Acad.*).

Elles mêmes seront dans les lieux les plus fraix
Les Fleurettes des Champs et les amours des Prez;
Ces fieres Majestez et ces Cedres Superbes [67]
Seront placez au rang des plus petittes herbes
Leur front audacieux, leur dedeigneux sourcil
Ne passera jamais la hauteur du Percil;
Pour s'estre faittes voir toujours roides et drèttes,
Leurs corps seront courbez sous le pois de leurs testes
Et les piquans remors de leur trop de rigueur
Leur laisseront emprainț un Soucy[256] dans le cœur,
De leur long repentir le vivant caractere,
Le reproche eternel de leur ame severe,
Qui de leur triste cœur ne pourra se tracer[257]
Et que jamais les ans ne pourront effacer:
C'est assez, en un mot, pour tous leurs demerites,
Je veux les transformer en tandres Marguerites,
Que cela sans delay se fasse en cet instant,
Jupin le veut ainsi, c'est ainsi qu'il l'entand:
    Touttes les Deitez à ce mot inclinées [68]
Baissèrent humblement leur[s] testes Couronnées
Et Momus fut le seul qui de ce fait nouveau
En boufonant toujours rioit sous son chapeau;
Dez ce moment, helas! ces Nymphes furent veües
Par les Champs, par les Bois tristement répanduës;
De leur estre premier on n'y vist plus dezlors
Auqun membre à sa place, auqun reste de corps,
On ne vist plus de bras, de testes, de figure
Tout fut envelopé sous une autre Nature
Et dans le même instant par les mains du Destin
L'Esprit leur fut ravy, la raison et l'instin;
Dezlors il ne parut de Nymphe auqun vestige,
Vne pettite fleur sur une foible tige
Sous le moite gazon s'attacha seulement
Et se prit au terrein par quelque filament;

256 A la fois, le capitule de la fleur *souci* (jaune, comme le fleuron central de la marguerite) et le soin inquiet. Même jeu sur le mot dans *L'Année galante* de Cantenac, II, p. 10, Cléandre envoie un souci dans une boîte à Sylvie et lui écrit: "Il est fleur pour vous et Soucy pour moy."

257 Etre rayé.

Il leur resta pourtant de leur forme premiere [69]
Vn blancq éblouyssant, un rayon de lumiere,
Elles sembloint garder dans leur vivant tombeau
Quelque chose de doux, quelque chose de beau.
Leur grace n'estoit pas toutte denaturée,
Quelque source d'attraits leur estoit demeurée
Que le Decret des Cieux, la Voix de Jupiter
Ni la main du Destin n'avoint pû leur oster:
Mais helas! qui peut dire en combien de manieres
On insulte le sort de ces Fleurs Printanieres,
Combien de foix le jour ces Nymphes sans pitié
Sont indiscretement[258] foulées sous le pié!
Voyez tous les troupeaux sortant des Bergeries
Courir impunément au travers des Préries,
D'un pas precipité, les dents sur le terrein
Cherchant de touttes pars à contanter leur faim,
Ils fourragent par tout et sans faire d'Elite[259] [70]
Broutent le Serpolet[260] avecq la Marguerite
Et de ces tendres Fleurs les membres innocens
Sont brisez sans respect et moulus sous les dents:
Encore seroit ce quelque grace pour elles
Si l'on voyoit mourir ces Belles criminelles
Et si le noir Destin, luy qui met fin à tout,
Mettoit leurs maux enfin et leur supplice à bout;
La Mort est un tribut et non pas une péne:
On voit mourir le Cedre, on voit mourir le Chesne;
L'Aigle, le Pelican, le Serf[261] et le Corbeau
Lassez de vivre enfin reclament le tombeau;
Tout d'un commun panchant tand à son periode[262]
Le trépas à son tour et la Mort est commode,
Les infortunez même en font leurs communs vœux
Et les maux prenent fin avecq les mal-heureux.
Mais quoy! par le decret d'une péne infinie [71]
Ces Fleurs ne peuvent pas voir le bout de leur vie,
Comme si leurs tourments pouvoint estre trop courts;

258 Sans que l'on fasse attention à ne pas les écraser.
259 Distinction.
260 Plante aux rameaux rampants, dont sont friands les moutons, les lapins.
261 Cerf.
262 Son terme naturel.

Pour mourir plus souvent, Elles vivent toûjours,
Chaque nouveau Printemps, chaque Saizon nouvelle
A paitre les Moutons les pousse et les rappelle;
Leurs tandres rejettons par des retours nouveaux
Sont toûjours exposez à la faim des Troupeaux;
C'est ainsi qu'au Vautour l'Infortuné Ticye[263]
Repare incessament la pature et la vie;
Dez que l'Oyseau fatal de son Cœur se repait
A ses pénes fécond le même Cœur renait,
Toujours du Mal-heureux et le Cœur et le Foye
Fournissent à sa faim une nouvelle proye
Et toujours dechiré même faim, même mets
Font qu'il se meurt toujours et qu'il ne meurt jamais.
    Ne pancez pas, Iris, entandre de ma Lyre [72]
Tous leurs divers tourmens: il faudroit pour les dire
Avoir des flancs de bronze et des poumons de fer
Et que le Dieu des Vers[264] les voulut échauffer.
Quelques uns les font cuire et de ces Nymphes fredes
Leur faisant mille maux en tirent des remedes,
On les fait consumer à feu lent et l'on creint
Ou qu'il soit trop ardant ou bien trop tot eteint,
Pour n'avoir pas voulu se montrer un peu tandres,
On les fait à momens attandrir sur les cendres,
On les fond goutte à goutte et de leurs corps ethicqs
On en tire l'Esprit au feu des alambicqs;
    D'autres, plus inhumains, les ayant arrachées
Et puis de mille coups crüellement hachées
Mises de cette sorte en infinis quartiers
Leur font sentir encor la rigueur des Mortiers[265].
Toujours on les destine à quelque vil Usage; [73]
On en fait des bouquets aux Nopces de Village,
C'est leur plus haut relief[266] et leur plus beau Destin

---

263 Tityos, géant monstrueux, fils de Zeus et d'Elara, fut foudroyé par son père, et plongé dans les enfers, où deux serpents (ou bien deux aigles) dévorent son foie, qui renaît selon les phases de la lune. Cantenac paraît se souvenir ici de Virgile, *Enéide*, VI, 595 sqq. Le poète latin évoque un monstrueux vautour qui fouille de quoi manger dans le foie immortel de Tityos et qui loge dans sa profonde poitrine. Jean de Meung, dans le *Roman de la Rose*, v. 19306 parle du "gisiers Ticius", du foie de Tityos, et Ronsard, "Epitafe d'Albert" (*Bocage*, 1554) présente "Titye sur la pleine/Aux vautours estendu" (v. 36-37).

264 Apollon, inspirateur des poètes.

265 Pilons à broyer; vases où l'on broie avec des pilons.

266 Degré d'élévation.

D'estre l'assortiment du Muguet et du Thin,
Enfin ou dans leur lustre, ou fréches ou fanées,
A d'Eternels rebuts on les voit condamnées
Et pour n'avoir pas eu de sentimens humains
Elles sont le joüet des plus vulgaires mains:
Sur cet exemple affreux, sur ce triste Modelle.
Voyez ce qu'il en coute, Iris, d'estre crüelle,
Voyez ce qu'ont gaigné les Nymphes de vos Bois
Pour avoir outragé les gens jusqu'aux abois,
Pour avoir dedeigné d'estre à leurs vœux propices,
Voyez jusques où va l'horreur de leur[s] supplices;
Certes il n'est pas bien qu'une insigne Beauté[267]
Montre avoir trop de tandre ou trop de dureté,
Par l'un ou l'autre excez Elle ne sçauroit plaire[268],
L'un donne du dégout et l'autre desespere; [74]
Ces Cœurs si tôt gaignez, de si bonne amitié,
Qui toujours du chemin font plus de la moitié,
Qui même sans garder auqune retenuë
Donnent dans les filets[269] à la premiere veüe
Et se livrent toujours avant que d'estre pris
Perdent par trop d'amour leur estime et leur prix[270],
Mais aussi ces Tyrans, ces Beautez Souveraines
Qui se font de l'honneur[271] de ce qui fait nos pénes,
Qui se plaizent de voir leur Trône environné
D'un Cercle de captifs et d'un Monde enchené,
Qui pretandent marcher sur les pas des Vestales[272]
Se cantonant toujours sur les Vertus Moralles,
Leurs yeux toujours amers et leurs frons herissez
Font injure à l'amour par un contraire excez:

---

267 Même appréciation de Cantenac dans *Les Satires nouvelles, Satyre XII, Aux Dames*:
"Un air chaste et modeste est toûjours plus charmant
Il excite et retient les desirs d'un amant
Mais l'air doux et coquet fait voir trop de tendresse
Et qui paraît Laïs ne fut jamais Lucrèce".

268 Même apologie du juste milieu que dans la bouche de Jupiter, au début du chant IV.

269 Les rets. Terme de vénerie.

270 Ce qui fait la valeur de l'héroïsme tendre.

271 Le problème de l'honneur féminin était alors devenu un thème privilégié, particulièrement dans la pastorale, et se situait surtout au niveau de la morale sociale.

272 Prêtresses de la déesse Vesta, astreintes à une stricte chasteté. Cf. *L'Année galante*, II, 133: "[Les Espagnoles] font les Vestales, dans les empressemens de paroistre impenetrables aux yeux des Galants."

Cette montre d'ailleurs[273], ces rigueurs apparantes
Ne sont pas du dedans des preuves concluantes,
Ces monstres de fierté, ces esprits raboteux[274] [75]
N'ont pas toujours le fond des solides vertus,
Telle qui nous paroit en ses façons austere
Dans le fond de son cœur estant de bonne affaire[275]
Ainsi qu'un Mongibel[276], par de secrets accors
Aura le feu dans l'Ame et la nege audehors.
On trouve quelque foix pour peu que l'on s'efforce
Vn cœur tandre caché sous une dure ecorce
Et dans ce Monde icy l'on voit asse[z] souvent
Le point d'honneur[277] fondé sur du sable mouvant:
Ne veuillez pas, Iris, estre de cette sorte,
Donnez à la Beauté la Pitié pour escorte,
Les Roses et les Lys qu'en vous nous regardons
Ne doivent pas reluire au milieu des chardons,
Souffrez qu'on vous approche et sans estre Sauvage
Donnez à vostre Cœur ce qu'à vostre[278] visage,
Vous avez des Amans[279], vous aurez un Epoux
Mais vous avez de quoy les satisfaire à tous; [76]
L'Amitié ne fait pas un[e] ame criminelle
Et, pour avoir du tandre, on n'est pas Infidelle,
On sçait bien jusques où vont les droits d'un Mary[280]
On sçait tout ce que doit pretendre un Favory[281],
Vous pouvez, en un mot, sans vous faire d'affaire
Assaizonner l'humain avecque le Severe,
Vous pouvez, sans que nul en doive estre jaloux,
Observer le milieu d'entre l'aigre et le doux

273 Façon tout extérieure de se présenter, sans rapport avec la réalité profonde.

274 Rudes.

275 Accueillante aux histoires d'amour.

276 L'Etna, symbole de la fournaise intérieure d'un cœur brûlant d'amour: mot repris de Pétrarque par Scève, Du Bellay (*Contre les Pétrarquistes*, 93). Selon Moreri: "Les habitants nomment (l'Etna) le *Mont-Gibel* et peut-être est-ce des arabes qu'est venu le mot de Gibel." Cf. notre "djebel".

277 Dans *L'Année galante*, II, p. 35, le point d'honneur est qualifié de "vilain fantome" qui "traverse toujours la liberté naturelle et qui fait obstacle à toutes les douceurs de la vie".

278 Peut-être faut-il comprendre: ce qu'a votre visage?

279 Soupirants.

280 "Avec un Epoux, on épouse ses mœurs, sa fortune, ses habitudes et toutes ses destinées; on oublie tout ce que l'on a esté pour ne se souvenir que de ce l'on est" (*L'Année Galante*, II, p. 68).

281 Celui qui tient le premier rang dans les faveurs.

Et sans vous piquer trop d'une vertu Romaine
Vous devez estre prude[282] et non pas inhumaine:
Tout bien examiné, concluez s'il vous plait,
Qu'il est toujours plaizant d'estre comme l'on nait;
Que c'est par tout pays une etonante chose
De tomber dans le cas de la Metamorphoze,
Que le Ciel vous faisant a fait de tout son mieux,
Que rien de si charmant ne se montre à nos yeux.
Pour quoy voudriez-vous doncq qu'un matin on vint dire [77]
Helas! la belle Iris que tout le Monde admire,
Pour avoir pris cent Cœurs sans se laisser toucher,
Par le courroux des Dieux est changée en Rocher!
On la voit s'Elever sur cette Mer profonde
Soutenant fierement tous les effors de l'Onde;
C'est la bute orgueilleuse et des vents et des flots
C'est un Ecueil affreux à tous les Matelots,
De loin, comme autre-foix, encore elle presage
Que l'approchant de prez on va faire naufrage;
Les Tritons[283] à ses piez ont beau s'humilier
Elle est toujours debout et ne peut se plier:
Encore en cet estat, sur cette Roche dure
Vous feriez, ce me semble, une belle figure,
Sur ce fier Element pour titre de fierté,
Vous garderiez encore un air de Majesté,
Vous verriez toujours ferme et bravant la Fortune,
D'un regard dedeigneux, l'Empire de Neptune [78]
Et ce Dieu tout émeu calmeroit son courroux
Pour avoir le plezir de s'approcher de vous;
Les Dauphins de concert, même au fort de l'orage,
Viendroint par deputez vous rendre leur homage,
Chaque flotte enverroit vers vous son Ammiral
Et vos piez fouleroint la Perle et le Coral[284]:
Mais quoy! que seroit ce si, par faute de tandre,
Jupiter irrité vous reduisoit en cendre?
Si vôtre ame trop dure et vostre esprit trop fier

---

282 Capable de discerner ce qui convient en vue d'une sage et humaine conduite de vie. Les Prudes constituent, comme les Précieuses, les Esprits forts, les Coquettes, une catégorie de femmes bien définie à l'époque.

283 Descendants du dieu marin Triton, qui font partie du cortège de Neptune.

284 Autre forme du mot *corail*.

N'estoint plus aujourd'huy ce qu'ils estoint hyer,
Si vôtre corps perdant sa figure premiere
Prenoit de nouveaux trets sous une autre matiere
Et que cherchant vos bras, vôtre teste et vos piez
On ne vit rien en vous de ce que estiez,
Si pour avoir pour tous toujours esté de glace
Le Ciel faisoit de vous quelque inutille masse
Et qu'enfin pour punir vôtre trop de froideur [79]
Il vous donnât d'un Marbre et la forme et le Cœur;
Les Hommes affligez d'une perte pareille
Reverroint ils jamais une telle Merveille
Et les Dieux pourroint ils refaire une autre Iris
En un siecle de temps, qui fut de même prix?
On voit plus d'une Helene et plus d'une Angelique[285],
L'Etoile a sa pareille, il n'en est point d'unique
Mais il n'est q'une Iris comme il n'est q'un Soleil[286]
C'est un Flambeau sans pair, un Astre sans pareil;
Si les Dieux en courroux le changeoint de Nature
L'Univers resteroit sans Beauté, sans figure,[287]
Sans grace, sans couleur et ce ne seroit plus
Q'un Cahos indigeste[288], un embarras confus.
Ne veuillez pas, Iris, en devenant trop fiere,
Faire perdre aux humains leur unique Lumiere
Et vous même en perdant le beau jour qui vous suit
Vous perdre dans l'horreur d'une eternelle nuict [289]: [80]
On vous l'a deja dit, la sçavante Nature
Nous donne en l'Art d'aymer une ample tablature[290],
Le Monde est tout conjoint par d'invisibles cloux

---

285 Hélène, femme de Ménélas, pour laquelle les Grecs combattirent dix années devant Troie. Angélique, l'héroïne du *Roland Furieux*, de l'Arioste attirait et subjuguait par sa beauté les plus vaillants chevaliers, tant chrétiens que sarrasins. *L'Angélique* est aussi le titre d'un roman d'A. de Rémy (1626).

286 Comparaison traditionnelle chez les néo-platoniciens et les poètes pétrarquisants. Peut-être, une flatterie à l'égard de Louis XIV, la figure d'Apollon triomphant avec éclat dans les premières années du règne personnel du Roi-Soleil. Voir N. Ferrier-Caverivière, *L'image de Louis XIV dans la littérature française de 1660 à 1715*. Paris, P.U.F., 1981: "Roi-Soleil", pp. 73-80.

287 Représentation que l'on puisse se figurer.

288 Chaos non ordonné, comme l'était la confusion générale avant la formation du monde.

289 Alexandrin qui devance le fameux vers 490 de l'*Athalie* (1691) de Racine: "C'était pendant l'horreur d'une profonde nuit."

290 Enseignement, leçon.

L'Esprit tient à l'Esprit, les corps s'embrassent tous,
Tous santent de l'amour cette douce etincelle[291]
Qui les échaufe entre eux d'une flame fidelle
Et les chaux et les froits et les durs et les mous,
Ce feu passe par tout jusqu'au Cœur des cailloux;
Flechissez, croyez moy, sous cette Loy supreme[292]
Et faisant, belle Iris, de l'un et l'autre extréme
Un melange discret du doux et de l'amer[293],
Aymez quand on vous ayme et laissez vous aymer[294].

291 Cf. dans l'*Aminta* du Tasse, I. 1, la tirade de Daphné s'adressant à l'insensible Silvia: "Ne t'aperçois-tu point que tout ayme ici-bas?" (traduction, D. T., 1666).

292 Celle de la Nature, qu'il convient à tous de suivre comme y invitait, entre autres, le Montaigne des derniers *Essais*.

293 Thème du *glukupikron*.

294 Beau vers final. *Amer:aymer*, rime dite normande: la consonne finale, aujourd'hui muette, d'un infinitif du premier groupe se faisait entendre, au XVIIe siècle, même dans un style soutenu.

TABLE DES MATIERES

INTRODUCTION

BIBLIOGRAPHIE

LES MARGUERITES

Textes littéraires

Titres déjà parus

I Sedaine LA GAGEURE IMPRÉVUE éd R Niklaus
II Rotrou HERCULE MOURANT éd D A Watts
III Chantelouve LA TRAGÉDIE DE FEU GASPARD DE COLLIGNY éd K C Cameron
IV Th Corneille LA DEVINERESSE éd P J Yarrow
V Pixérécourt CŒLINA éd N Perry
VI Du Ryer THÉMISTOCLE éd P E Chaplin
VII Discret ALIZON éd J D Biard
VIII J Moréas LES PREMIÈRES ARMES DU SYMBOLISME éd M Pakenham
IX Charles d'Orléans CHOIX DE POÉSIES éd J H Fox
X Th Banville RONDELS éd M Sorrell
XI LE MYSTÈRE DE SAINT CHRISTOFLE éd G Runnalls
XII Mercier LE DÉSERTEUR éd S Davies
XIII Quinault LA COMÉDIE SANS COMÉDIE éd J D Biard
XIV Hierosme d'Avost ESSAIS SUR LES SONETS DU DIVIN PÉTRARQUE éd K C Cameron et M V Constable
XV Gougenot LA COMÉDIE DES COMÉDIENS éd D Shaw
XVI MANTEL ET COR: DEUX LAIS DU XIIe SIÈCLE éd P E Bennett
XVII Palissot de Montenoy LES PHILOSOPHES éd T J Barling
XVIII Jacques de la Taille ALEXANDRE éd C N Smith
XIX G de Scudéry LA COMÉDIE DES COMÉDIENS éd J Crow
XX N Horry RABELAIS RESSUSCITÉ éd N Goodley
XXI N Lemercier PINTO éd N Perry
XXII P Quillard LA FILLE AUX MAINS COUPÉES et C Van Lerberghe LES FLAIREURS éd J Whistle
XXIII Charles Dufresny AMUSEMENS SÉRIEUX ET COMIQUES éd J Dunkley
XXIV F Chauveau VIGNETTES DES FABLES DE LA FONTAINE éd J D Biard
XXV Th Corneille CAMMA éd D A Watts
XXVI Boufflers ALINE REINE DE GOLCONDE éd S Davies
XXVII Bounin LA SOLTANE éd M Heath
XXVIII Hardy CORIOLAN éd M Allott
XXIX Cérou L'AMANT AUTEUR ET VALET éd G Hall
XXX P Larivey LES ESPRITS éd M J Freeman
XXXI Mme de Villedieu LE PORTEFEUILLE éd J P Homard et M T Hipp
XXXII PORTRAITS LITTÉRAIRES: Anatole France CROQUIS FÉMININS; Catulle Mendès FIGURINES DES POÈTES; Adolphe Racot PORTRAITS-CARTES éd M Pakenham
XXXIII L Meigret TRAITÉ … DE L'ESCRITURE FRANÇOISE éd K C Cameron
XXXIV A de la Salle LE RÉCONFORT DE MADAME DE FRESNE éd I Hill
XXXV Jodelle CLÉOPATRE CAPTIVE éd K M Hall
XXXVI Quinault ASTRATE éd E J Campion
XXXVII Dancourt LE CHEVALIER A LA MODE éd R H Crawshaw
XXXVIII LE MYSTÈRE DE SAINTE VENICE éd G Runnalls
XXXIX Crébillon *père* ÉLECTRE éd J Dunkley
XL P Matthieu TABLETTES DE LA VIE ET DE LA MORT éd C N Smith
XLI Flaubert TROIS CONTES DE JEUNESSE éd T Unwin
XLII LETTRE D'UN PATISSIER ANGLOIS, ET AUTRES CONTRIBUTIONS A UNE POLÉMIQUE GASTRONOMIQUE DU XVIIIe SIÈCLE éd S Mennell
XLIII Héroët LA PARFAICTE AMYE éd C Hill
XLIV Cyrano de Bergerac LA MORT D'AGRIPPINE éd C Gossip
XLV CONTES RÉVOLUTIONNAIRES éd M Cook
XLVI CONTRE RETZ: SEPT PAMPHLETS DU TEMPS DE LA FRONDE éd C Jones
XLVII Du Ryer ESTHER éd E Campion et P Gethner
XLVIII Samuel Chappuzeau LE CERCLE DES FEMMES ET L'ACADÉMIE DES FEMMES éd J Crow
XLIX G Nouveau PAGES COMPLÉMENTAIRES éd M Pakenham
L L'Abbé Desfontaines LA VOLTAIROMANIE éd M H Waddicor
LI Rotrou COSROÈS éd D A Watts
LII A de la Chesnaye des Bois LETTRE A MME LA COMTESSE D… éd D J Adams
LIII A Hardy PANTHÉE éd P Ford
LIV Le Prince de Ligne LES ENLÈVEMENTS ou LA VIE DE CHATEAU EN 1785 éd B J Guy
LV Molière LA JALOUSIE DU BARBOUILLÉ et G DANDIN éd N Peacock
LVI La Péruse MÉDÉE éd J Coleman

Textes littéraires

LVII Rotrou L'INNOCENTE INFIDÉLITÉ éd P Gethner
LVIII C de Nostredame LES PERLES OU LES LARMES DE LA SAINCTE MAGDELEINE (1606) éd R J Corum
LIX Montfleury LE MARY SANS FEMME éd E Forman
LX Scarron LE JODELET ou LE MAITRE VALET éd W J Dickson
LXI Poinsinet de Sivry TRAITÉ DU RIRE éd W Brooks
LXII Pradon PHÈDRE ET HIPPOLYTE éd O Classe
LXIII Quinault STRATONICE éd E Dubois
LXIV M J Chénier JEAN CALAS éd M Cook
LXV E Jodelle EUGÈNE éd M Freeman
LXVI C Toutain TRAGÉDIE D'AGAMEMNON (1557) éd T Peach
LXVII Boursault LES FABLES D'ÉSOPE ou ÉSOPE A LA VILLE (1690) éd T Allott
LXVIII J Rivière et F Mauriac CORRESPONDANCE 1911-1925 éd J Flower
LXIX La Calprenède LA MORT DES ENFANS D'HÉRODE éd G P Snaith
LXX P Adam (?) SYMBOLISTES ET DÉCADENTS éd M Pakenham
LXXI T Corneille CIRCÉ éd J L Clarke
LXXII P Loti VERS ISPAHAN éd K A Kelly et K C Cameron
LXXIII A Hardy MARIAMNE éd A Howe
LXXIV Cl Gilbert HISTOIRE DE CALEJAVA ou DE L'ISLE DES HOMMES RAISONNABLES éd M S Rivière
LXXV Odoric de Pordenone LES MERVEILLES DE LA TERRE D'OUTREMER (trad J de Vignay) éd D A Trotter
LXXVI B J Saurin BEVERLEI éd D Connon
LXXVII Racine ALEXANDRE éd M N Hawcroft et V J Worth
LXXVIII Mallarmé VILLIERS DE L'ISLE ADAM éd A Raitt
LXXIX Rotrou VENCESLAS éd D A Watts
LXXX Ducis OTHELLO éd C N Smith
LXXXI La Péruse POÉSIES COMPLÈTES éd J A Coleman
LXXXII Du Ryer DYNAMIS éd J Rohou
LXXXIII Chamfort MUSTAPHA ET ZÉANGIR éd S Davies
LXXXIV Claire de Durfort, duchesse de Duras OURIKA éd R Little
LXXXV Louis Bouilhet LE CŒUR A DROITE éd T Unwin
LXXXVI Gillet de la Tessonerie L'ART DE RÉGNER éd P Chaplin
LXXXVII POUR LOUIS BOUILHET éd A W Raitt
LXXXVIII Rotrou LA SŒUR éd B Kite
LXXXIX DIALOGUES RÉVOLUTIONNAIRES éd M C Cook
XC LA VIE DE SAINT ALEXIS éd T Hemming
XCI Jules Verne et Adolphe d'Ennery MICHEL STROGOFF éd L Bilodeau
XCII Bernardin de Saint-Pierre EMPSAËL ET ZORAÏDE ou LES BLANCS ESCLAVES DES NOIRS A MAROC éd R Little
XCIII Raymond Poisson LA HOLLANDE MALADE éd L Navailles
XCIV Jean Galaut PHALANTE éd A Howe
XCV L'Abbé D'Aubignac DISSERTATIONS CONTRE CORNEILLE éd N Hammond et M Hawcroft
XCVI Sallebray LA TROADE éd S. Phillippo et J. Supple
XCVII Fabre d'Eglantine LE PHILINTE DE MOLIERE éd J Proud
XCVIII HISTOIRE D'ELEONORE DE PARME éd R Bolster
XCIX Saint Lambert CONTES AMÉRICAINS éd R Little
C P de Larivey LES TROMPERIES éd K C Cameron et P Wright
C I Venance Dougados LA QUETE éd R Cazals
C II Paul Adam PETIT GLOSSAIRE éd P McGuinness
C III Claude Martin & Henri Delmas DRAME A TOULON — HENRI MARTIN éd T Freeman
C IV Alphonse de Lamartine TOUSSAINT LOUVERTURE éd L-F Hoffmann
C V Mme de Duras OURIKA éd R Little (nouvelle édition revue et augmentée)
C VI Georges Rodenbach LE VOILE et LE MIRAGE éd R Bales